JN272010

韓国語スピーキング

洪順愛
金元榮

듣고 말하기

SANSHUSHA

トラック対応表

Track			ページ	Track			ページ	Track			ページ
Disc 1				30	3	Step 1	76	6		応用表現	144
1		あいさつ表現	12	31	3	Step 2	78	7	3	Step 1	148
第1장				32		応用表現	78	8	3	Step 2	150
2	1	Step 1	14	**第4장**				9		応用表現	150
3	1	Step 2	16	33	1	Step 1	86	10		音韻規則（2）	155
4		応用表現	16	34	1	Step 2	88	**第7장**			
5	2	Step 1	20	35		応用表現	88	11	1	Step 1	158
6	2	Step 2	22	36	2	Step 1	92	12	1	Step 2	160
7		応用表現	22	37	2	Step 2	94	13		応用表現	160
8	3	Step 1	26	38		応用表現	94	14	2	Step 1	164
9	3	Step 2	28	39	3	Step 1	98	15	2	Step 2	166
10		応用表現	28	40	3	Step 2	100	16		応用表現	166
第2장				41		応用表現	100	17	3	Step 1	170
11	1	Step 1	36	**第5장**				18	3	Step 2	172
12	1	Step 2	38	42	1	Step 1	108	19		応用表現	172
13		応用表現	38	43	1	Step 2	110	20		音韻規則（3）	177
14	2	Step 1	42	44		応用表現	110	**第8장**			
15	2	Step 2	44	45	2	Step 1	114	21	1	Step 1	180
16		応用表現	44	46	2	Step 2	116	22	1	Step 2	182
17	3	Step 1	48	47		応用表現	116	23		応用表現	182
18	3	Step 2	50	48	3	Step 1	120	24	2	Step 1	186
19		応用表現	50	49	3	Step 2	122	25	2	Step 2	188
20	4	Step 1	54	50		応用表現	122	26		応用表現	188
21	4	Step 2	56	51	4	Step 1	126	27	3	Step 1	192
22		応用表現	56	52	4	Step 2	128	28	3	Step 2	194
23		発音に関するアドバイス（2）	62	53		応用表現	128	29		応用表現	194
第3장				**Disc 2**				30	4	Step 1	198
24	1	Step 1	64	**第6장**				31	4	Step 2	200
25	1	Step 2	66	1	1	Step 1	136	32		応用表現	200
26		応用表現	66	2	1	Step 2	138	33	5	Step 1	204
27	2	Step 1	70	3		応用表現	138	34	5	Step 2	206
28	2	Step 2	72	4	2	Step 1	142	35		応用表現	206
29		応用表現	72	5	2	Step 2	144	36		音韻規則（4）	211

はじめに

　韓国は地理的にだけでなく感覚的にも急速に近い国になりました。「2011年、韓国訪問日本人300万」という数字がそれを示しています。旅をより楽しくしてくれるのはなんといっても現地の人との触れ合いではないでしょうか。旅先で「ピビンパを二つください」「地下鉄の駅はどこですか？」「高い、少し、まけて」といった韓国語が通じたときの喜びは韓国語学習の醍醐味です。問いかけた韓国語が理解されたとき、返事や問いが聞き取れたときの喜びと感動は、更なる韓国語上達を目指す原動力にもなります。韓国人は外国人が韓国語を使うと、それがあいさつ言葉や片言の韓国語であっても非常に喜び、必ずといっていいほど褒めてくれます。こちらの発した韓国語が聞き取れないと二度、三度と問い返してくれますし、こちらが聞き取れない場合は繰り返し話してくれます。

　この本は旅先で韓国語が与えてくれる喜びと感動を味わっていただくために書かれた韓国語教材で、旅先での最大公約数的な場面のイラストと会話、さらに応用力を養うための応用表現、ボキャブラリーで構成されています。最初はCDの言葉が速いと感じられるかもしれませんが、繰り返し聴くうちにスピードになれるはずです。臨場感溢れるイラストに描かれた人物になりきって話すことも、音読とシャドーイング練習で難しくなくなるでしょう。会話は言葉のキャッチボールですから、いつでも話し手でいるわけにはいきません。会話に必要なのは話し手になること、すなわちスピーキング力です。そして話し手に劣らず重要なのは聞き手になること、すなわちリスニング力です。韓国語学習を始めようとしている人、既に始めている人に目標・目的を尋ねるとほとんどの人から「会話ができるようになりたい」「韓国を旅行したときに役立てたい」「字幕なしでテレビドラマや映画が理解できるようになりたい」という答えが返ってきます。この本を手にされた方の多くもまた同じ目標・目的をお持ちのことと思います。本書を通して聴くこと・音読・シャドーイングの重要性とそれらの繰り返しの練習がリスニング力とスピーキング力を養い向上させ、学習目標・目的達成への確実な方法であることにお気づきいただければ嬉しいです。「気づき」が習得への第一歩です。

　外国語習得は年少者なら、あるいはその外国語にどっぷりつかった環境にいる方なら自然に身につくでしょう。しかし、韓国語学習者たちはそうではない方が圧倒的です。著者の個人的感想から言うと、幸いなことに韓国語はそうではない方でも習得可能な言語です。目標地点をどこに置くかにもよりますが、等しい目標地点で他の外国語と比較した場合、可能性はかなり高いです。理由は韓国語と日本語の類似性にあります。この非常に有利な類似性を大いに活用してください。

　継続は力なり。韓国語が日本語母語話者には習得しやすい言語であることを必ず実感できることでしょう。焦らないでこの一冊を使いこなしてみましょう。

　本書は『ドイツ語スピーキング』(三宅恭子、ミヒャエラ・コッホ共著)のコンセプトをもとに執筆しています。三宅恭子氏、ミヒャエラ・コッホ氏に感謝の意を表します。そして最後までご指導、ご協力くださいました三修社の菊池暁氏に心からお礼申し上げます。

著　者

目　次

本書の構成と使い方　6
あいさつ表現　12

제1장 (第1章)　공항　空港 · · · · · · · · · · · · · · · · · 13

1	탑승수속	搭乗手続き · · · · · · · · · · · ·	14
2	기내에서	機内で · · · · · · · · · · · · · · · ·	20
3	입국심사	入国審査 · · · · · · · · · · · · · ·	26

発音に関するアドバイス (1) · 34

제2장 (第2章)　호텔　ホテル · · · · · · · · · · · · · 35

1	전화로 호텔 예약	電話でホテルの予約 · · · · ·	36
2	호텔 체크인	ホテルにチェックイン · · · ·	42
3	호텔 방에서	ホテルの部屋で · · · · · · · ·	48
4	호텔 체크아웃	ホテルをチェックアウト · · ·	54

発音に関するアドバイス (2) · 62

제3장 (第3章)　교통　交通 · · · · · · · · · · · · · · · · 63

1	택시 타기	タクシーに乗る · · · · · · · ·	64
2	지하철 타기	地下鉄に乗る · · · · · · · · · ·	70
3	KTX 타기	KTXに乗る · · · · · · · · · · · ·	76

発音に関するアドバイス (3) · 84

제4장 (第4章)　식사와 차　食事とお茶 · · · · · 85

1	전화로 저녁 예약	電話で夕食の予約 · · · · · · ·	86
2	식당에서	食堂で · · · · · · · · · · · · · · · ·	92
3	전통차 마시기	伝統茶を飲む · · · · · · · · · ·	98

発音に関するアドバイス (4) · 106

제5장 (第5章)　쇼핑　買い物 · · · · · · · · · · · · · · 107

1	화장품 가게에서	コスメショップで · · · · · · ·	108

2	옷가게에서	衣料品店で	114
3	백화점 식품매장에서	デパートの食品売り場で	120
4	서점에서	書店で	126
	音韻規則 (1)		133

제 6 장 (第 6 章) 거리에서 街で … 135

1	길에서	道で	136
2	은행에서	銀行で	142
3	서울시티투어버스 승차권 판매소에서		
		ソウルシティツアーバスの乗車券売り場で	148
	音韻規則 (2)		155

제 7 장 (第 7 章) 관광 観光 … 157

1	경복궁에서	景福宮で	158
2	춘천 남이섬에서	春川 南怡島で	164
3	찜질방에서	チムジルバンで	170
	音韻規則 (3)		177

제 8 장 (第 8 章) 만남 人と会う … 179

1	만날 약속	待ち合わせの約束	180
2	친구와의 만남	友人と会う	186
3	친구와 지냄	友人と過ごす	192
4	당일치기 여행 계획	日帰り旅行計画	198
5	방문	訪問	204
	音韻規則 (4)		211

文法 … 213
（1）文末語尾と文の種類　（2）原形・語幹・語尾　（3）語幹の種類
（4）正則活用と変則活用　（5）接続方法【1】【2】【3】
（6）【ㄹ脱落条件】　（7）接続方法【1】【2】【3】に付く語尾と補助語幹
（8）用言の活用　（9）日本語を韓国語に訳す　（10）人称代名詞

本書の構成と使い方

　本書は8つの章に分かれています。各章は韓国人と交流したり、韓国を旅行する際に遭遇するさまざまな場面をテーマにして構成されており、各章はさらに3～5の場面に分かれています。

제1장	(第1章)	공항	空港
제2장	(第2章)	호텔	ホテル
제3장	(第3章)	교통	交通

> 1　택시 타기　　タクシーに乗る
> 2　지하철 타기　地下鉄に乗る
> 3　KTX 타기　　KTXに乗る

제4장	(第4章)	식사와 차	食事とお茶
제5장	(第5章)	쇼핑	買い物
제6장	(第6章)	거리에서	街で
제7장	(第7章)	관광	観光
제8장	(第8章)	만남	人と会う

　各場面の会話は使用頻度の高いフレーズや文で構成してあります。全場面の会話はイラスト表示されており、イラストを見ることにより、情景をイメージしながら学習できるよう工夫しました。各場面はStep 1とStep 2、日本語訳＆Informationの3つの部分から構成されています。

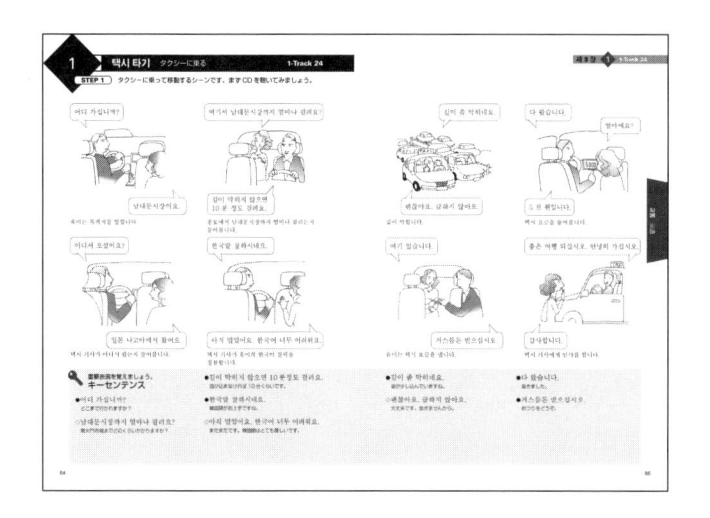

Step 1 にはイラストと全テキストが記載されています。テキストを見ながら会話の流れを理解するとともに、CD を繰り返し聴き、シャドーイングを行うことにより、スピーキングの練習もできるようになっています。特に重要なフレーズや文は「キーセンテンス」のコーナーを見ながら重点的に学習できるようにしました。内容の確認は、各場面の5ページ目にある日本語訳を参照してください。

シャドーイングとは？

　シャドーイングとは、聴こえてくる音声をほぼ同時に口頭で繰り返す練習法です。シャドーイングとはshadowing で、影＝ shadow のように音声を追いかけるという意味です。聴こえてくる音声をそっくりそのまま真似をするよう心がけましょう。そっくりそのまま真似をすることによって、ネイティブの音声のリズムやイントネーション、区切りやポーズの置き方も学習します。だいたい 0.5 秒くらいあとを追う感じで行ってください。まずは文章を見ながら、シャドーイングを行います。言いにくい部分やつっかえてしまう部分は繰り返し練習し、CD と同じスピードで音読できるようにしましょう。次に文章を見ないでシャドーイングを行います。CD の音声を完璧にシャドーイングできるようになるまで何度も繰り返し練習しましょう。

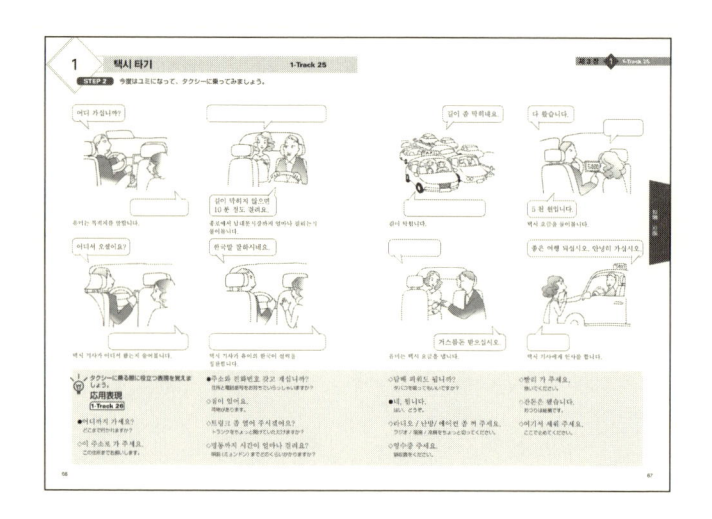

Step 2 は Step 1 とまったく同じ場面・会話・イラストですが、主人公の台詞が空欄になっています。CD の方も主人公の台詞はポーズになっているので、役になりきって、実際の旅の場面をイメージしながらスピーキングの練習をすることが可能です。自宅だけでなく、車や電車の中でも CD を聴いて、繰り返し練習をするとよいでしょう。テキストで使用した表現以外にも各場面で使用されることが多いフレーズや文については「応用表現」のコーナーで学習できるようにしました。

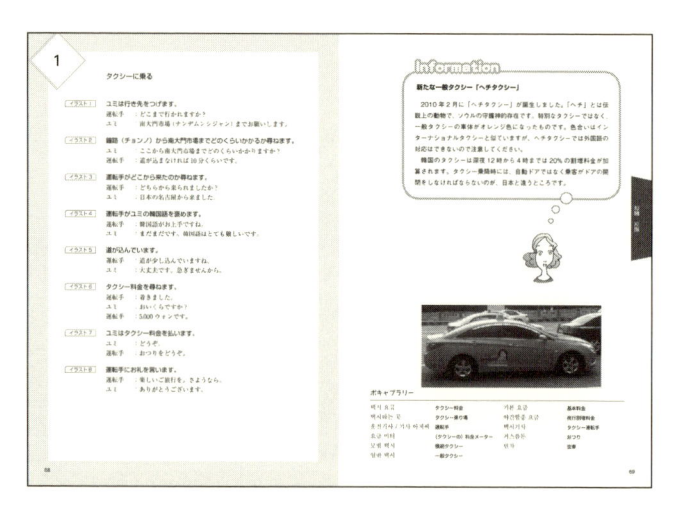

5ページ目には、日本語訳を掲載してあります。確認用に利用してください。

6ページ目には、各場面の背景知識として役立つ情報を Information にまとめてあります。韓国の文化や習慣に関する知識は、会話の内容理解につながります。各場面に必要な単語は「ボキャブラリー」としてまとめてありますので、語彙力の強化に活用してください。

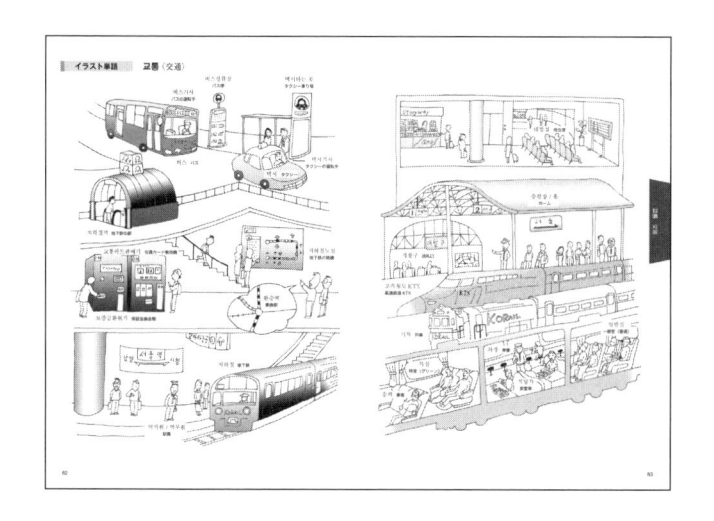

各章の終わりには、特に重要であると思われる単語をイラストで表示しました。文字によってのみ単語を学習するよりも絵と文字の両方で単語を学んだ方が記憶成績がよくなるという研究結果があります。イラストを楽しみながら、語彙を身につけてください。また、発音・発声で日本人学習者がつまずきがちなことについて「発音に関するアドバイス」（1～4章）と「音韻規則」（5～8章）として掲載しました。

　CDはネイティブスピーカーが吹き込みを行いました。発音やイントネーションをできるだけ忠実に再現できるようになるまで練習をしてください。

　巻末には注意を要すべき文法についての解説もまとめてありますので、適宜活用してください。

使い方例

ステップ1

イメージする

Step 1のイラストを眺め、どんな場面かを想像してみましょう。このときテキストは読まないでください。

理解する

各場面の説明を読み、会話の流れを理解しましょう。訳はStep 2のあとに掲載してありますが、なるべく見ないでチャレンジしましょう。

CDを聴く

まずはテキストを見ないでCDを聴きます。

キーセンテンス

キーセンテンスを見ながら、重要表現を学習します。

印をつける

次にテキストを見ながらCDを聴き、キーセンテンスで学習したフレーズに印をつけます。

発音する

CDを手本に繰り返し発音しましょう。上手に発音できるようになったらシャドーイングをします。CDの音声を完璧にできるようになるまで、何度も繰り返し練習しましょう。

さらに発音する

今度はテキストなしで発音してみましょう。

ステップ 2

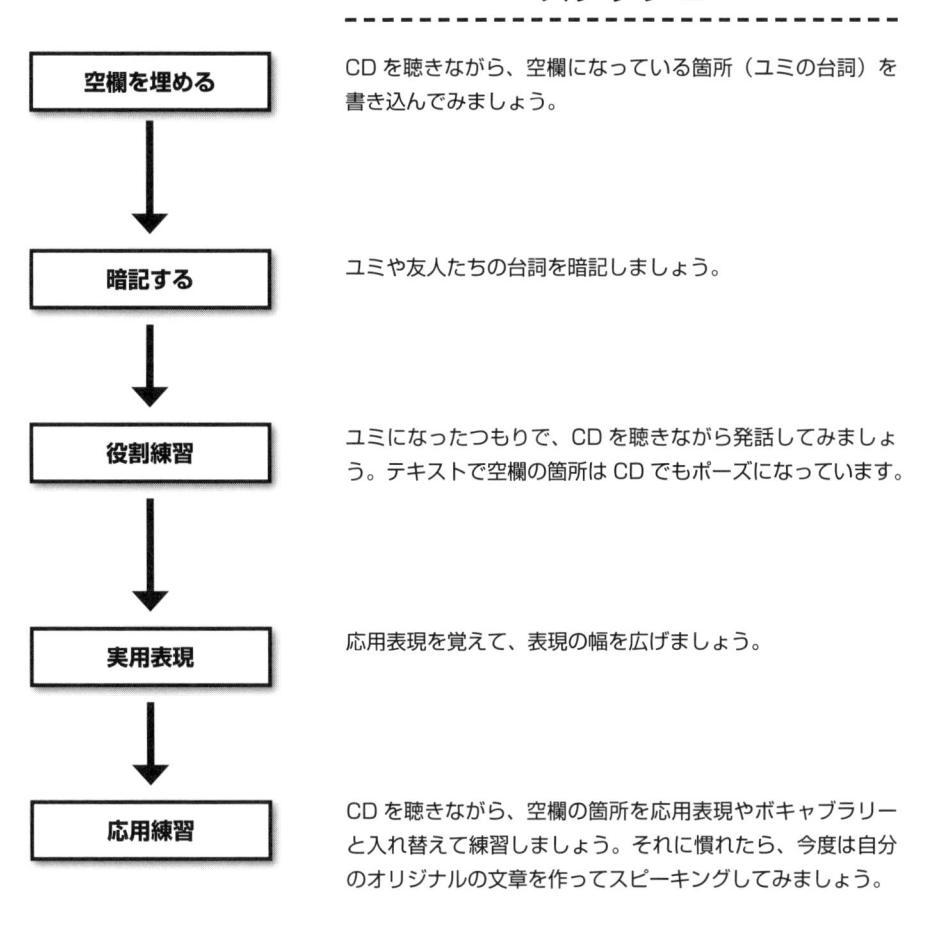

空欄を埋める
CDを聴きながら、空欄になっている箇所（ユミの台詞）を書き込んでみましょう。

暗記する
ユミや友人たちの台詞を暗記しましょう。

役割練習
ユミになったつもりで、CDを聴きながら発話してみましょう。テキストで空欄の箇所はCDでもポーズになっています。

実用表現
応用表現を覚えて、表現の幅を広げましょう。

応用練習
CDを聴きながら、空欄の箇所を応用表現やボキャブラリーと入れ替えて練習しましょう。それに慣れたら、今度は自分のオリジナルの文章を作ってスピーキングしてみましょう。

あいさつ表現　　1-Track 1

　人に会ったときには、こちらから先に出会いのあいさつ 안녕하십니까?/ 안녕하세요? を言いましょう。韓国語のウォーミングアップになります。

　안녕하십니까?/ 안녕하세요? は元々は「安寧(ご無事・安泰)でいらっしゃいますか?」という意味で、出会いのあいさつとして朝、昼、晩、そして形式ばらない手紙の冒頭のあいさつとしても使えます。

　안녕하십니까? に比べると 안녕하세요? は少々くだけた感じです。疑問形ですが、語尾は上げても上げなくても構いません。

안녕하십니까?/ 안녕하세요?　　おはようございます。/ こんにちは。/ こんばんは。

以下、-요. で終わっているものはもう一方に比べてくだけた感じです。

안녕히 가십시오. / 안녕히 가세요.
さようなら。(帰って行く人に)

안녕히 계십시오. / 안녕히 계세요.
さようなら。(その場に残る人に)

예. / 네.	はい。
아닙니다. / 아니요.	いいえ。
어서 오십시오. / 어서 오세요.	ようこそ。
반갑습니다. / 반가워요.	(お目にかかれて) うれしいです。
감사합니다. / 감사해요.	ありがとうございます。
고맙습니다. / 고마워요.	ありがとうございます。
죄송합니다. / 죄송해요.	申し訳ありません。
미안합니다. / 미안해요.	ごめんなさい。
별말씀을 다 하십니다. / 별말씀을요.	何をおっしゃいますか。
천만의 말씀입니다. / 천만에요.	とんでもございません。
괜찮습니까? / 괜찮아요?	大丈夫ですか?
알겠습니다. / 알겠어요.	わかりました。
모르겠습니다. / 모르겠어요.	知りません。/ わかりません。
맛있게 드십시오. / 맛있게 드세요.	(食べ物を勧める) どうぞ。
또 만납시다. / 또 만나요.	また会いましょう。

제 1 장 (第1章)

1-Track 2-10

공항　　　　　　　　　　　　　　空港

---

1. 탑승수속　　　搭乗手続き
2. 기내에서　　　機内で
3. 입국심사　　　入国審査

1 탑승수속 搭乗手続き

1-Track 2

STEP 1 搭乗手続きのシーンです。まず CD を聴いてみましょう。

안녕하세요? 여권과 항공권을 보여 주시겠습니까?

네, 여기 있습니다.

유미는 체크인 카운터로 갑니다.

마일리지 카드인데 적립해 주세요.

알겠습니다. 마일리지 적립되었습니다.

유미는 마일리지 카드를 보입니다.

맡기실 짐은 있으십니까?

네, 트렁크 하나 있어요.

유미는 트렁크를 맡깁니다.

트렁크를 여기에 올려 주십시오.

무게가 초과되지 않았어요?

네, 괜찮습니다.

유미는 중량 초과하지 않았는지 물어봅니다.

重要表現を覚えましょう。
キーセンテンス

● 여권과 항공권을 보여 주시겠습니까?
　パスポートと航空券を拝見できますか？

◇ 마일리지 카드인데 적립해 주세요.
　マイレージをつけてください。

● 맡기실 짐은 있으십니까?
　お預けになるお荷物はございますか？

● 트렁크를 여기에 올려 주십시오.
　スーツケースをこちらに載せてください。

◇ 무게가 초과되지 않았어요?
　重量オーバーしていませんか？

● 가방 안에 깨지기 쉬운 물건이 있습니까?
　カバンの中に割れやすいものはありますか？

제 1 장　1　1-Track 2

가방 안에 깨지기 쉬운 물건이 있습니까?

아뇨, 없습니다.

항공사 직원이 트렁크 안에 깨지기 쉬운 물건이 있는지 물어봅니다.

화장품은 기내에 가지고 갈 수 있습니까?

액체물은 기내에 가져 가실 수 없습니다.

화장품을 기내 소지할 수 있는지 물어봅니다.

좌석은 통로 쪽과 창가 쪽 어느 쪽이 좋으십니까?

창가쪽으로 부탁합니다.

항공사 직원이 좌석 위치를 물어봅니다.

탑승권 여기 있습니다. 10 시 30 분까지 11 번 게이트로 가십시오.

네, 감사합니다.

항공사 직원이 탑승권과 시간을 확인합니다.

● 액체물은 기내에 가져 가실 수 없습니다.
　液体は機内への持ち込みはできません。

● 좌석은 통로 쪽과 창가 쪽 어느 쪽이 좋으십니까?
　お座席は通路側と窓側のどちらがよろしいですか？

◇ 창가쪽으로 부탁합니다.
　窓側をお願いします。

● 탑승권 여기 있습니다. 10 시 30 분까지 11 번 게이트로 가십시오.
　これが搭乗券です。10時30分までに11番ゲートにお越しください。

15

1 탑승수속

1-Track 3

STEP 2 今度はユミになって、搭乗手続きをしてみましょう。

안녕하세요? 여권과 항공권을 보여 주시겠습니까?

유미는 체크인 카운터로 갑니다.

알겠습니다. 마일리지 적립되었습니다.

유미는 마일리지 카드를 보입니다.

맡기실 짐은 있으십니까?

유미는 트렁크를 맡깁니다.

트렁크를 여기에 올려 주십시오.

네, 괜찮습니다.

유미는 중량 초과하지 않았는지 물어봅니다.

💡 チェックインカウンターで役立つ表現を覚えましょう。

応用表現
1-Track 4

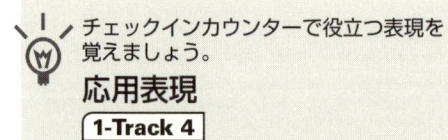

● 마일리지 카드 있으십니까?
マイレージカードはございますか？

◇ 맡길 짐이 두 개 있어요.
預ける荷物が２つあります。

◇ 통로쪽 좌석으로 주세요.
通路側の席をお願いします。

● 중량 초과입니다.
重量オーバーです。

● 초과되지 않았습니다.
オーバーしていません。

● 제한 중량은 20 킬로입니다.
制限重量は 20 キロでございます。

제1장 ① 1-Track 3

가방 안에 깨지기 쉬운 물건이 있습니까?	

항공사 직원이 트렁크 안에 깨지기 쉬운 물건이 있는지 물어봅니다.

액체물은 기내에 가져 가실 수 없습니다.

화장품을 기내 소지할 수 있는지 물어봅니다.

좌석은 통로 쪽과 창가 쪽 어느 쪽이 좋으십니까?

항공사 직원이 좌석 위치를 물어봅니다.

탑승권 여기 있습니다. 10시 30분까지 11번 게이트로 가십시오.

항공사 직원이 탑승권과 시간을 확인합니다.

◇깨지기 쉬운 물건이 있으니까 주의해 주세요.
　割れやすいものがありますので注意してください。

◇취급주의 태그를 달아 주세요.
　取り扱い注意のステッカーをつけてください。

1

搭乗手続き

イラスト1　ユミはチェックインカウンターに行きます。
　　航空会社の職員　：こんにちは。パスポートと航空券を拝見できますか？
　　ユミ　　　　　　：はい、どうぞ。

イラスト2　ユミはマイレージカードを見せます。
　　ユミ　　　　　　：マイレージをつけてください。
　　航空会社の職員　：かしこまりました。
　　　　　　　　　　　マイレージをつけました。

イラスト3　ユミはスーツケースを預けます。
　　航空会社の職員　：お預けになるお荷物はございますか？
　　ユミ　　　　　　：はい、スーツケースが1つあります。

イラスト4　ユミは重量オーバーしているかどうか尋ねます。
　　航空会社の職員　：スーツケースをこちらに載せてください。
　　ユミ　　　　　　：重量オーバーしていませんか？
　　航空会社の職員　：はい、大丈夫です。

イラスト5　航空会社の職員がスーツケースの中に割れるものがあるか尋ねます。
　　航空会社の職員　：カバンの中に割れやすいものはありますか？
　　ユミ　　　　　　：いいえ、ありません。

イラスト6　化粧品の機内持ち込みができるかどうか尋ねます。
　　ユミ　　　　　　：化粧品は機内へ持ち込みができますか？
　　航空会社の職員　：液体は機内への持ち込みはできません。

イラスト7　航空会社の職員が座席の希望を尋ねます。
　　航空会社の職員　：お座席は通路側と窓側のどちらがよろしいですか？
　　ユミ　　　　　　：窓側をお願いします。

イラスト8　航空会社の職員が搭乗券と時間を確認します。
　　航空会社の職員　：これが搭乗券です。10時30分までに11番ゲートにお越しください。
　　ユミ　　　　　　：はい、ありがとうございます。

Information

都心空港ターミナル

　重い荷物を持って空港へ行く前に搭乗手続きを行い出国審査を受けられる便利なターミナルがソウル市内には2カ所あります。江南（カンナム）にある都心空港ターミナルと、ソウル駅構内にあるソウル駅都心空港ターミナルです。都心空港ターミナルで手続きを済ませておけば、空港での長い列を並ばなくても専用通路を利用してスムーズに搭乗手続きができます。ただし、仁川（インチョン）空港出発の大韓航空、アシアナ航空、済州航空（ソウル駅都心空港ターミナルのみ）など限られた航空会社のみのサービスです。

ボキャブラリー

출국수속	出国手続き	취급주의	取り扱い注意
비행기	飛行機	결항	欠航
수하물	手荷物	이륙하다 / 착륙하다	離陸する / 着陸する
탑승권	搭乗券		
여권 / 패스포드	旅券 / パスポート		
비자	ビザ		
좌석	座席		
탑승게이트	搭乗ゲート		
트렁크	スーツケース		
이름표	名札		

2 기내에서 機内で

1-Track 5

STEP 1 機内のシーンです。まず CD を聴いてみましょう。

안전벨트를 매 주십시오.

네.

안전벨트를 맵니다.

음료수는 뭘로 하시겠습니까?

오렌지 주스 주세요.

승무원이 뭘 마실지 물어봅니다.

커피 한 잔 부탁합니다.

여기 있습니다. 설탕, 크림 필요하십니까?

아뇨, 됐습니다.

유미는 식사 후에 커피를 부탁합니다.

죄송하지만, 좀 비켜 주시겠습니까?

아, 네.

감사합니다.

옆사람에게 창가쪽에서 통로쪽으로 나가고 싶다고 말합니다.

重要表現を覚えましょう。 キーセンテンス

- ●안전벨트를 매 주십시오.
  安全ベルトをお締めください。

- ●음료수는 뭘로 하시겠습니까?
  お飲み物は何になさいますか?

- ◇커피 한 잔 부탁합니다.
  コーヒーをお願いします。

- ●설탕, 크림 필요하십니까?
  砂糖とミルクはご入り用ですか?

- ◇아뇨, 됐습니다.
  いいえ、結構です。

- ●죄송하지만, 좀 비켜 주시겠습니까?
  すみませんが、前を失礼します。

- ◇좀 추운데, 담요 있습니까?
  少し寒いので、毛布をお願いします。

좀 추운데, 담요 있습니까?

출입국카드와 세관신고서 필요하십니까?

잠깐만 기다리십시오. 갖다 드리겠습니다.

저기, 세관신고서도 써야 합니까?

네, 쓰셔야 합니다.

유미는 담요를 부탁합니다.

승무원이 출입국카드와 세관신고서가 필요한지 물어봅니다.

저, 볼펜 좀 빌려 주시겠습니까?

이 비행기는 현지 시간 12 시 30 분에 인천공항에 도착하겠습니다.

네.

잘 썼습니다.

유미는 옆사람에게 볼펜을 빌립니다.

도착 시간에 대한 기내방송이 있습니다.

- ●출입국 카드와 세관신고서 필요하십니까?
  出入国カードと税関申告書はご必要ですか？

- ●세관신고서도 써야 합니까?
  税関申告書も書かなければなりませんか？

- ◇볼펜 좀 빌려 주시겠습니까?
  ボールペンをちょっと貸していただけませんか？

2 기내에서

1-Track 6

STEP 2　今度はユミになって、機内での会話をしてみましょう。

안전벨트를 매 주십시오.

음료수는 뭘로 하시겠습니까?

안전벨트를 맵니다.

승무원이 뭘 마실지 물어봅니다.

여기 있습니다. 설탕, 크림 필요하십니까?

아, 네.

유미는 식사 후에 커피를 부탁합니다.

옆사람에게 창가쪽에서 통로쪽으로 나가고 싶다고 말합니다.

機内で役立つ表現を覚えましょう。
応用表現
1-Track 7

◇맥주 / 와인 주세요.
　ビール / ワインをください。

◇담요 부탁합니다.
　毛布をお願いします。

◇몇 시에 김포공항에 도착합니까?
　何時に金浦 (キムポ) 空港に到着しますか？

◇잡지 있습니까?
　雑誌はありますか？

◇일본 신문 있습니까?
　日本の新聞はありますか？

◇좀 실례하겠습니다.
　ちょっと失礼いたします。

제 1 장　2　1-Track 6

잠깐만 기다리십시오. 갖다 드리겠습니다.

유미는 담요를 부탁합니다.

출입국카드와 세관신고서 필요하십니까?

네, 쓰셔야 합니다.

승무원이 출입국카드와 세관신고서가 필요한지 물어봅니다.

네.

유미는 옆사람에게 볼펜을 빌립니다.

이 비행기는 현지 시간 12 시 30 분에 인천공항에 도착하겠습니다.

도착 시간에 대한 기내방송이 있습니다.

◇물 좀 주세요.
　お水をください。

●잠시만 기다려 주십시오. 곧 가져다 드리겠습니다.
　少々お待ちください。すぐお持ちいたします。

◇머리가 아픈데 두통약 있습니까?
　頭が痛いのですが、薬（頭痛薬）はありますか？

◇기내 면세 화장품을 사고 싶은데요.
　機内の免税化粧品を買いたいんです。

2

機内で

イラスト1　安全ベルトを締めます。
　　客室乗務員：安全ベルトをお締めください。
　　ユミ　　　：はい。

イラスト2　乗務員が何を飲みたいか尋ねます。
　　客室乗務員：お飲み物は何になさいますか？
　　ユミ　　　：オレンジジュースをください。

イラスト3　ユミは食後にコーヒーを頼みます。
　　ユミ　　　：コーヒーをお願いします。
　　客室乗務員：はい、どうぞ。
　　　　　　　　砂糖とミルクはご入り用ですか？
　　ユミ　　　：いいえ、結構です。

イラスト4　隣の人に窓側から通路に出たいことを伝えます。
　　ユミ　　　：すみませんが、前を失礼します。
　　隣人　　　：あっ、はい。
　　ユミ　　　：ありがとうございます。

イラスト5　ユミは毛布を頼みます。
　　ユミ　　　：少し寒いので、毛布をお願いします。
　　客室乗務員：少々お待ちください。お持ちいたします。

イラスト6　乗務員が、入国カードと税関申告書は必要かと尋ねます。
　　客室乗務員：出入国カードと税関申告書はご必要ですか？
　　ユミ　　　：税関申告書も書かなければなりませんか？
　　客室乗務員：はい、書かなければなりません。

イラスト7　ユミは隣の人にボールペンを借ります。
　　ユミ　　　：あの、ボールペンをちょっと貸していただけませんか？
　　隣人　　　：はい、どうぞ。
　　ユミ　　　：どうもありがとうございます。

イラスト8　到着時間について機内放送があります。
　　客室乗務員：この飛行機は現地時間12時30分に仁川（インチョン）空港に到
　　　　　　　　着します。

Information

空港からソウル市内へのアクセス

　ガイド付きの団体ツアーではなく、個人で行く自由旅行だと、外国の空港に着いて行き先やホテルに行くのにちょっと不安になります。
　仁川（インチョン）国際空港からソウル市内へのアクセス手段は、空港リムジンバス、空港鉄道（A'REX、エーレックス）、タクシーの3つがあります。

① 空港リムジンバスは運行路線が多く、最も便利です。リムジンには、一般リムジンと高級リムジンの2種類があり、一部のホテルでは、空港―ホテル間の無料シャトルバスも運行しています。

② A'REXは仁川国際空港からソウル駅までの区間を運行します。直通列車と各駅列車の2種類があります。ノンストップで運行する直通列車は43分で仁川国際空港とソウル駅を結びます。ソウル駅ではKTX（高速鉄道）に乗り換えられるので、地方へアクセスする場合も便利です。

③ タクシーには一般タクシーと模範タクシー、大型タクシーがあります。模範タクシーの車体は黒で一般タクシーより料金が高いですが、サービスや安全面が優れています。日本語が可能な運転手が多いのが特徴です。また、最大8名まで乗車可能な大型タクシーもあります。

　言葉が不安な方は、無料で携帯電話を通した通訳サービスが受けられる「FREE INTERPRETATION」マークがついたタクシーや日本語・英語が可能なインターナショナルタクシーを利用できます。

ボキャブラリー

기장	機長	맥주	ビール
객실승무원	客室乗務員	커피	コーヒー
스튜어디스	スチュワーデス	신문	新聞
안전벨트	安全ベルト	잡지	雑誌
선반	棚／ラック	이어폰	イヤホン
사용중	使用中	세관신고서	税関申告書
기내식	機内食	출입국카드	出入国カード
담요	毛布		
미네랄워터	ミネラルウォーター		
와인	ワイン		

3 입국심사 入国審査 1-Track 8

STEP 1 入国審査のシーンです。まず CD を聴いてみましょう。

다음 분 오십시오.

여권과 입국카드를 보여 주십시오.

여기 있습니다.

유미는 입국심사 순서를 기다립니다.

유미는 입국심사관에게 여권을 보여줍니다.

입국 목적은 무엇입니까?

한국에 며칠 체류하실 예정입니까?

관광입니다.

7 일간이요.

입국심사관이 입국 목적에 대해서 물어봅니다.

입국심사관이 체류 기간을 물어봅니다.

重要表現を覚えましょう。 キーセンテンス

- ●다음 분 오십시오.
  次の方、どうぞ。

- ●여권과 입국카드를 보여 주십시오.
  パスポートと入国カードを見せてください。

- ●입국 목적은 무엇입니까?
  入国目的は何ですか?

◇관광입니다.
観光です。

- ●한국에 며칠 체류하실 예정입니까?
  韓国に何日間滞在する予定ですか?

◇7 일간이요.
7 日間です。

어디서 머무실 예정입니까?

서울호텔이요.

입국심사관이 어디서 체류하는지 물어봅니다.

여기에 사인해 주십시오.

여기요?

유미는 출입국카드에 사인을 잊었습니다.

여권 여기 있습니다. 좋은 여행 되시길 바랍니다.

감사합니다.

유미는 여권을 받습니다.

신고할 거 있으십니까?

없는데요.

짐을 찾아서 세관심사를 받습니다.

- ●어디서 머무실 예정입니까?
  どちらに泊まる予定ですか？

- ●여기에 사인해 주십시오.
  ここにサインしてください。

- ●신고할 거 있으십니까?
  申告するものはありませんか？

- ◇없는데요.
  ありません。

3 입국심사

1-Track 9

STEP 2 今度はユミになって、入国審査を受けてみましょう。

> 다음 분 오십시오.

> 여권과 입국 카드를 보여 주십시오.

유미는 입국심사 순서를 기다립니다.

유미는 입국심사관에게 여권을 보여줍니다.

> 입국 목적은 무엇입니까?

> 한국에 며칠 체류하실 예정입니까?

입국심사관이 입국 목적에 대해서 물어봅니다.

입국심사관이 체류 기간을 물어봅니다.

入国審査の際に役立つ表現を覚えましょう。
応用表現
1-Track 10

- 어학연수 / 비즈니스로 왔습니다.
  語学研修 / ビジネスで来ました。

- 며칠 정도 머무실 예정입니까?
  何日間、滞在する予定ですか？

- 소지하고 있는 돈은 얼마 있습니까?
  お手持ちのお金はいくらありますか？

◇ 한국말을 잘 못해요.
  韓国語がうまくありません。

◇ 일본말 하시는 분 있어요?
  日本語が話せる方はいらっしゃいますか？

- 가방 / 트렁크 안을 보여 주십시오.
  カバン / スーツケースの中を見せてください。

제1장 ③ 1-Track 9

어디서 머무실 예정입니까?

입국심사관이 어디서 체류하는지 물어봅니다.

여기에 사인해 주십시오.

유미는 출입국카드에 사인을 잊었습니다.

여권 여기 있습니다. 좋은 여행 되시길 바랍니다.

유미는 여권을 받습니다.

신고할 거 있으십니까?

짐을 찾아서 세관심사를 받습니다.

◇ 제가 쓸 거예요.
　私が使うものです。

◇ 선물용이에요.
　プレゼント用です

◇ 5만엔 정도 있습니다.
　5万円くらい持っています。

● 외국인은 이쪽으로 서 주십시오.
　外国人はこちらにお並びください。

3

入国審査

| イラスト1 | ユミは入国審査を待ちます。
入国審査官：次の方、どうぞ。

| イラスト2 | ユミは入国審査官にパスポートを見せます。
入国審査官：パスポートと入国カードを見せてください。
ユミ　　　：どうぞ。

| イラスト3 | 入国審査官が入国目的を尋ねます。
入国審査官：入国目的は何ですか？
ユミ　　　：観光です。

| イラスト4 | 入国審査官が滞在期間を尋ねます。
入国審査官：韓国に何日間滞在する予定ですか？
ユミ　　　：7日間です。

| イラスト5 | 入国審査官がどこに滞在するのか尋ねます。
入国審査官：どちらに泊まる予定ですか？
ユミ　　　：ソウルホテルです。

| イラスト6 | ユミは出入国カードにサインするのを忘れました。
入国審査官：ここにサインしてください。
ユミ　　　：ここですか？

| イラスト7 | ユミはパスポートを受け取ります。
入国審査官：パスポートをお返しします。楽しいご旅行を。
ユミ　　　：ありがとうございます。

| イラスト8 | 荷物を取って、税関検査を受けます。
税関職員　：申告するものはありませんか？
ユミ　　　：ありません。

Information

交通カード (T-money)

　T-money は首都圏のバス、地下鉄、タクシーで利用可能な交通カードです。旅行の間、バスや地下鉄をたくさん利用する方やソウル旅行をたびたびする方にはとても便利です。バスや地下鉄に乗るときに端末機に1度、降りるときにも1度ワンタッチします。タッチしないと乗り換えの割引が適用されません。電子マネーとして、タクシーやコンビニなどでも利用できます。カードの購入やチャージは、地下鉄駅窓口、販売機やチャージ機、バス乗り場周辺の街頭販売店、コンビニで行います。

ボキャブラリー

출입국카드	出入国カード	외국인	外国人
입국심사	入国審査	환승	乗り換え
세관신고서	税関申告書	도항목적	渡航目的
수하물 찾는 곳 / 짐 찾는 곳	手荷物引渡所 / 荷物引渡所		
목적지	目的地		
출발	出発		
도착	到着		
검역	検疫		
내국인	内国人		

イラスト単語　　공항〈空港〉

出발　出発

출국심사
出国審査

수하물검사 (짐검사)　手荷物検査

짐찾는 곳　手荷物受取所

트렁크　スーツケース

세관　税関

검역　検疫

에스카레이터　エスカレーター

인포메이션 (안내)
インフォメーション (案内)

체크인카운터
チェックインカウンター

은행　銀行

공항버스　空港バス

면세점 免税店

COSMETICS & PERFUMES

LIQUOR

Café de 이안

Boarding Gate KAL929

출국로비 出国ロビー

탑승구 搭乗口

Immigration 입국심사 入国審査

✈ Arrival

엘레베이터 エレベーター

29　30

승무원 乗務員

입국로비 入国ロビー

기장 機長

국내선 国内線
Domestic airline
KAL 12:10 JEJU
KAL 12:30 BUSAN
AAR 13:00 JEJU
ANA 12:00 POHANG

국제선 国際線
International airline
KAL 12:05 TOKYO
CA 12:30 BEIJING
ANA 13:00 LONDON
KAL 13:15 VIENNA

Welcome to Korea

도착 到着

승객 乗客

비행기 飛行機

発音に関するアドバイス（１）

　聴くこと、音読、シャドーイングは一体です。
　外国語を学ぶ場合、聴く・音読・書く・話す・読解などを総合的に進めていくのが理想です。しかし、なかなか実践できないのが聴くことと音読ではないでしょうか。
　見ればわかる単語や文章なのに音になるとわからないことがあります。読解力と聴解力のギャップです。また、翻訳では見事な日本語文を作り上げる人でも、その日本語文に見合うほど流暢な音読力を持つ人はあまりいません。読解力と音読力のギャップです。読解力と聴解力のギャップと読解力と音読力のギャップの原因は学習方法にあるようです。学習者の多くはまず読解から始める人が多いと思います。そして、読解で終わる場合が少なくありません。韓国語学習者もしかりです。二つのギャップを埋めるには聴くことと音読のもたらす効果を認識した学習方法をとらなければなりません。
　ハングルで書かれたものを声に出して読むのはかなり難しいです。ハングルの一文字一文字が読めても、文章となるとなかなかスムーズに読めません。知っている単語でも難しいのですから知らない単語となると尚更です。日本語文でも書かれた文章を逆から読んでみてください。なかなか読めないものです。脈絡のない、単なる文字の羅列を速く読み進めていくのは容易なことではありません。
　二つのギャップを克服するための学習方法としてお勧めしたいのは、まず、模範・お手本を聴くこと。次に音読することです。音読にはイントネーションとリズムが伴いますが、イントネーションとリズムは母語干渉を受けやすい部分なので、よく聴いて模範・お手本をまねましょう。発音・イントネーション・リズムは聴いてまねること、文字は見てまねることから始まります。音読も書くことも模倣から始まります。音読がスムーズにいかないときは模範・お手本を聴きましょう。聴く、音読、この繰り返し練習をしていくうちに音読一回目に10分かかったのが五回目には9分、十回目には8分というように、流暢に読めるようになるほど所要時間が短くなり、疲労度も減少していきます。そこには音読を重ねるごとに広がる暗記の部分の力も作用しています。音読は暗記力の養成にも繋がるからです。ある程度すらすら読めるようになったらシャドーイングをしましょう。聴くこと、音読をしっかりやっておけば、シャドーイングで矯正しなければならないところはどこか、何か、がよくわかるはずです。
　ネイティブスピーカーから「きれいな発音ですね」とか、「とても正確な発音です」と言われたいものですね。聴く、音読、シャドーイングを繰り返し練習すれば、きっとそう言ってもらえるときが来ます。

제 2 장 (第2章)

1-Track 11-23

호텔　　　　　　　　　　　　　　　ホテル

1. 전화로 호텔 예약　　　電話でホテルの予約
2. 호텔 체크인　　　　　ホテルにチェックイン
3. 호텔 방에서　　　　　ホテルの部屋で
4. 호텔 체크아웃　　　　ホテルをチェックアウト

1 전화로 호텔 예약
電話でホテルの予約   1-Track 11

STEP 1   電話でホテルの予約をするシーンです。まずはCDを聴いてみましょう。

안녕하십니까? 서울호텔입니다.

여보세요. 방 예약을 부탁합니다.

유미는 가이드북을 보고 서울호텔로 전화합니다.

감사합니다. 몇 월 며칠부터 며칠까지입니까?

10 월 18 일부터 23 일까지입니다.

예약담당자는 체재기간을 물어봅니다.

침대방으로 하시겠습니까? 온돌방으로 하시겠습니까?

온돌방으로 주세요.

예약담당자는 침대방을 원하느냐 온돌방을 원하느냐를 물어봅니다.

잠깐만 기다리십시오. 네, 온돌방 비어 있습니다.

예약담당자는 컴퓨터로 빈방을 알아봅니다.

🔑 重要表現を覚えましょう。
キーセンテンス

◇ 여보세요. 방 예약을 부탁합니다.
もしもし。部屋の予約をお願いします。

● 몇 월 며칠부터 며칠까지입니까?
何月何日から何日までですか？

◇ 10 월 18 일부터 23 일까지입니다.
10月18日から23日までです。

● 침대방으로 하시겠습니까? 온돌방으로 하시겠습니까?
ベッド部屋になさいますか？
オンドル部屋になさいますか？

◇ 온돌방으로 주세요.
オンドル部屋をお願いします。

● 잠깐만 기다리십시오.
少々お待ちください。

제 2 장　1　1-Track 11

1박에 얼마입니까?

1박에 5만 원입니다.

유미는 숙박 가격을 물어봅니다.

아침 식사는 포함돼 있습니까?

그럼 그 방으로 하겠습니다.

아침 식사는 포함돼 있지 않습니다.

유미는 숙박 가격에 아침 식사가 포함돼 있는지 물어본 다음에 결정합니다.

성함하고 전화번호를 말씀해 주십시오.

이름은 야마다 유미, 전화번호는 일본 52의 123의 4567입니다.

예약담당자는 유미에게 이름과 전화번호를 물어봅니다.

체크인하고 체크아웃은 몇 시입니까?

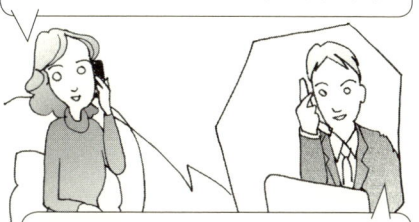

체크인은 오후 2시고, 체크아웃은 12시입니다.
야마다 유미님, 예약되셨습니다.
감사합니다.

유미는 체크인과 체크아웃 시간을 물어봅니다.

◇ 1박에 얼마입니까?
　1泊おいくらですか？

● 1박에 5만 원입니다.
　1泊 50,000 ウォンです。

◇ 아침 식사는 포함돼 있습니까?
　朝食付きですか？

● 성함하고 전화번호를 말씀해 주십시오.
　お名前とお電話番号をお願いいたします。

◇ 체크인하고 체크아웃은 몇 시입니까?
　チェックインとチェックアウトは何時ですか？

호텔　ホテル

37

1 전화로 호텔 예약

1-Track 12

STEP 2 今度はユミになって、電話でホテルの予約をしてみましょう。

안녕하십니까? 서울호텔입니다.

유미는 가이드북을 보고 서울호텔로 전화합니다.

감사합니다. 몇 월 며칠부터 며칠까지입니까?

예약담당자는 체재기간을 물어봅니다.

침대방으로 하시겠습니까?
온돌방으로 하시겠습니까?

예약담당자는 침대방을 원하느냐 온돌방을 원하느냐를 물어봅니다.

잠깐만 기다리십시오. 네, 온돌방 비어 있습니다.

예약담당자는 컴퓨터로 빈방을 알아봅니다.

ホテルの予約の際に役立つ表現を覚えましょう。

応用表現
1-Track 13

◇천천히 / 다시 한번 / 더 크게 말씀해 주세요.
ゆっくり / もう一度 / もっと大きな声でおっしゃってください。

◇너무 빨라서 못 알아들었습니다.
早すぎて聞き取れませんでした。

◇잘 안 들립니다.
よく聞こえません。

●잠깐만 / 잠시만 / 좀 기다리십시오.
少々お待ちください。

◇싱글룸으로 / 트윈방으로 주세요.
シングルルーム / ダブルルームをお願いします。

제 2 장 ① 1-Track 12

유미는 숙박 가격을 물어봅니다.
1박에 5만 원입니다.

유미는 숙박 가격에 아침 식사가 포함돼 있는지 물어본 다음에 결정합니다.
아침 식사는 포함돼 있지 않습니다.

예약담당자는 유미에게 이름과 전화번호를 물어봅니다.
성함하고 전화번호를 말씀해 주십시오.

유미는 체크인과 체크아웃 시간을 물어봅니다.
**체크인은 오후 2시고, 체크아웃은 12시입니다.
야마다 유미님, 예약되셨습니다.
감사합니다.**

● **지금 온돌방이 다 나가고 없는데요.**
ただ今オンドル部屋は空きがないんですが。

◇ **온돌방이 없으면 침대방이라도 괜찮습니다.**
オンドル部屋がなければ、ベッド部屋でも構いません。

● **주말 예약이 꽉 찼습니다.**
週末の予約が詰まっています。

● **오시기를 기다리겠습니다.**
お越しをお待ちしております。

1

電話でホテルの予約

イラスト1　ユミはガイドブックを見てソウルホテルに電話します。
　　予約係　：こんにちは、ソウルホテルでございます。
　　ユミ　　：もしもし、部屋の予約をお願いします。

イラスト2　予約係は滞在期間を尋ねます。
　　予約係　：ありがとうございます。何月何日から何日までですか？
　　ユミ　　：10月18日から23日までです。

イラスト3　予約係はベッド部屋か、オンドル部屋かを尋ねます。
　　予約係　：ベッド部屋になさいますか、オンドル部屋になさいますか？
　　ユミ　　：オンドル部屋をお願いします。

イラスト4　予約係はコンピュータで空室を調べます。
　　予約係　：少々お待ちください。はい、オンドル部屋の空きはございます。

イラスト5　ユミは宿泊料金を尋ねます。
　　ユミ　　：1泊おいくらですか？
　　予約係　：1泊50,000ウォンです。

イラスト6　ユミは宿泊料金に朝食が含まれているか尋ねてから決めます。
　　ユミ　　：朝食付きですか？
　　予約係　：朝食は付いておりません。
　　ユミ　　：それでは、その部屋にします。

イラスト7　予約係はユミに名前と電話番号を尋ねます。
　　予約係　：お名前とお電話番号をお願いいたします。
　　ユミ　　：名前は山田ユミ、電話番号は日本の52の123の4567です。

イラスト8　ユミはチェックインとチェックアウトの時間を尋ねます。
　　ユミ　　：チェックインとチェックアウトは何時ですか？
　　予約係　：チェックインは午後2時、チェックアウトは12時でございます。
　　　　　　　山田ユミ様、ご予約できました。ありがとうございます。

Information

韓国語で電話をかけてみましょう

　慣れない韓国語で、それも相手の顔が見えない電話での会話はかなり緊張するもので、ついつい焦ってしまいます。自分の言うべきことは事前に練習しておいても、相手がどんな言葉を使うか、どんな内容のことを話すか、予想できないことがあります。また、相手の声や語調が聞き取りにくい場合もあります。聞き取れなかったその瞬間から聴覚機能がストップしてしまいそうです。まず、落ち着いてゆっくり話し、相手の言葉が聞き取れなかったり、早すぎたり、聞き漏らしたりしたら、遠慮なく、"다시 한번 말씀해 주세요.(もう一度おっしゃってください)" "천천히 말씀해 주세요.(ゆっくり話してください)"と言えばいいのです。間違いなく相手の語調は変わります。こちらが韓国語で話し始めると、相手は話す能力と同程度の聴く能力を有していると思うものです。あるいは、最初からゆっくり話しては失礼と気配りしているのかも知れません。緊張しないで受話器から聞こえてくる声に耳を傾けて、知っている韓国語をフルに活用し、伝えたいこと、訊きたいことを余裕と自信を持って話しましょう。何事も経験ですし、勉強です。尻込みしないで挑戦してみることが大事です。

ボキャブラリー

이름 / 성함	名前 / お名前(「名前」の敬語形)	묵다	泊まる
전화번호	電話番号	꽉 차다	いっぱいだ
핸드폰	携帯電話	비어 있다	空いている
전화를 걸다	電話をかける	포함되다	含まれる
전화를 받다	電話に出る	천천히 / 빨리	ゆっくり / 早く
통화중	通話中		
예약 / 취소 / 변경	予約 / 取り消し / 変更		
알아듣다	聞き取る		
들리다	聞こえる		
바라다	願う		

2 호텔 체크인 ホテルにチェックイン 1-Track 14

STEP 1 ホテルにチェックインするシーンです。まずは CD を聴いてみましょう。

안녕하십니까? 어서 오십시오.

안녕하십니까? 체크인하고 싶은데요.

유미는 프런트 데스크에 갑니다.

예약하셨습니까?

네, 전화로 10월 6일에 예약을 한 야마다 유미입니다.

프런트 직원은 예약을 했는지 묻습니다.

야마다 씨죠? 10월 18일부터 23일까지 온돌방으로 예약돼 있습니다.

프런트 직원은 컴퓨터로 예약을 확인합니다.

여기에 성함, 여권번호, 주소, 전화번호를 적으시고 사인을 해 주십시오.

여기에 이름, 여권번호, 주소, 전화번호, 그리고 사인을 하면 됩니까? 다 썼습니다.

유미는 서류에 적습니다.

🔑 キーセンテンス
重要表現を覚えましょう。

● 어서 오십시오.
 いらっしゃいませ。

◇ 체크인하고 싶은데요.
 チェックインしたいのですが。

● 온돌방으로 예약돼 있습니다.
 オンドル部屋で予約を承っております。

제 2 장　1-Track 14

방은 8 층의 806 호실입니다. 이게 방 열쇠입니다. 저희 직원이 방까지 모시겠습니다.

고맙습니다.

손님, 짐을 옮겨 드리겠습니다. 짐은 모두 2 개죠?

네, 2 개입니다.

프런트 직원은 유미에게 방 번호를 알려 주고 방 열쇠를 줍니다.

벨보이는 엘리베이터로 유미를 방에 안내합니다.

지하철역이 여기서 멀어요?

호텔을 나가서 오른쪽으로 가시면 4 호선역이 바로 보입니다.

아침 식사는 몇 시부터입니까?

7 시 반부터 11 시까지입니다. 뷔페입니다. 도와 드릴 일이 있으면 언제든지 말씀하십시오.

유미는 벨보이에게 지하철역에 대해 물어봅니다.

유미는 벨보이에게 아침 식사 시간을 물어봅니다.

- ●저희 직원이 방까지 모시겠습니다.
  係の者がお部屋までご案内いたします。

- ●손님, 짐을 옮겨 드리겠습니다.
  お客様、お荷物をお運びいたします。

- ◇지하철역이 여기서 멀어요?
  地下鉄の駅はここから遠いですか？

- ◇아침 식사는 몇 시부터입니까?
  朝食は何時からですか？

- ●도와 드릴 일이 있으면 언제든지 말씀하십시오.
  ご用がございましたら、いつでもおっしゃってください。

2 호텔 체크인

1-Track 15

STEP 2 今度はユミになって、ホテルにチェックインしてみましょう。

> 안녕하십니까? 어서 오십시오.

유미는 프런트 데스크에 갑니다.

> 예약하셨습니까?

프런트 직원은 예약을 했는지 묻습니다.

> 야마다 씨죠? 10월 18일부터 23일까지 온돌방으로 예약돼 있습니다.

프런트 직원은 컴퓨터로 예약을 확인합니다.

> 여기에 성함, 여권번호, 주소, 전화번호를 적으시고 사인을 해 주십시오.

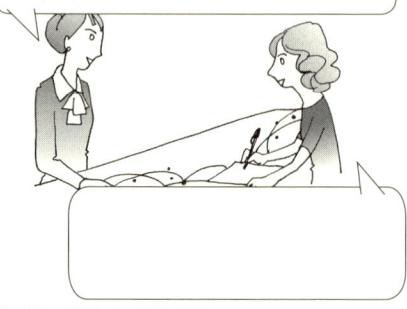

유미는 서류에 적습니다.

ホテルにチェックインする際に役立つ表現を覚えましょう。

応用表現

1-Track 16

◇ 체크인 부탁합니다.
チェックインお願いします。

● 체크인은 2시부터니까 30분 정도 기다리셔야 합니다.
チェックインの時間は2時になっていますので30分ほどお待ちいただかなければなりません。

◇ 체크인 할 때까지 짐을 맡길 수 있어요?
チェックインするまで荷物を預けることができますか?

방은 8층의 806 호실입니다. 이게 방 열쇠입니다. 저희 직원이 방까지 모시겠습니다.

손님, 짐을 옮겨 드리겠습니다. 짐은 모두 2 개죠?

프런트 직원은 유미에게 방 번호를 알려 주고 방 열쇠를 줍니다.

벨보이는 엘리베이터로 유미를 방에 안내합니다.

호텔을 나가서 오른쪽으로 가시면 4 호선역이 바로 보입니다.

7시 반부터 11 시까지입니다.
뷔페입니다.
도와 드릴 일이 있으면 언제든지 말씀하십시오.

유미는 벨보이에게 지하철역에 대해 물어봅니다.

유미는 벨보이에게 아침 식사 시간을 물어봅니다.

◇ 예약했습니다.
　予約してあります。

● 성함이 어떻게 되십니까?
　お名前はなんとおっしゃいますか?

◇ 하루 더 연장할 수 있어요?
　もう一日延長できますか?

◇ 온돌방으로 예약을 했는데 침대방으로 바꿀 수 있어요?
　オンドル部屋で予約したんですが、ベッド部屋に替えることができますか?

◇ 방에서 인터넷이 돼요?
　部屋でインターネットができますか?

● 됩니다.
　できます。

2 ホテルにチェックイン

イラスト1	ユミはフロントへ行きます。

フロント係　：こんにちは。いらっしゃいませ。
ユミ　　　　：こんにちは。チェックインしたいんですが。

イラスト2	フロント係は予約をしたかどうか尋ねます。

フロント係　：ご予約なさいましたか？
ユミ　　　　：ええ、電話で10月6日に予約した山田ユミです。

イラスト3	フロント係はコンピュータで予約の確認をします。

フロント係　：山田様ですね。
　　　　　　　10月18日から23日までオンドル部屋で予約を承っております。

イラスト4	ユミは書類に記入します。

フロント係　：こちらにお名前、パスポートナンバー、ご住所、お電話番号をお書きになって、サインをお願いいたします。
ユミ　　　　：ここに名前、パスポートナンバー、住所、電話番号、そしてサインすればいいですか？　書きました。

イラスト5	フロント係はユミに部屋番号を伝え、ルームキーを渡します。

フロント係　：お部屋は8階の806号室です。こちらがお部屋の鍵でございます。係の者がお部屋までご案内いたします。
ユミ　　　　：ありがとうございます。

イラスト6	ベルボーイはユミをエレベーターで部屋に案内します。

ベルボーイ　：お客様、お荷物をお運びいたします。
　　　　　　　お荷物は全部で2個ですね？
ユミ　　　　：ええ、2個です。

イラスト7	ユミはベルボーイに地下鉄の駅について尋ねます。

ユミ　　　　：地下鉄の駅はここから遠いですか？
ベルボーイ　：4号線の駅がホテルを出て右の方に行かれますと、すぐに見えます。

イラスト8	ユミはベルボーイに朝食の時間を尋ねます。

ユミ　　　　：朝食は何時からですか？
ベルボーイ　：7時半から11時までです。バイキングになっております。
　　　　　　　ご用がございましたら、いつでもおっしゃってください。

Information

ホテルの選び方

　韓国の宿泊施設には観光ホテル、一般ホテル、レジデンス、旅館、モーテル、ユースホステル、韓屋ゲストハウスなどがあります。観光ホテルは特1級、特2級、1級、2級、3級の五つに分かれていて、それぞれの等級を表わすムクゲ（槿・韓国の国花）のマークが入口に表示されています。いろいろなホテル予約方法がありますが、ベニキア(BENIKEA)という韓国観光公社が運営するホテル予約システムがあり、信頼性の高い、特2級以下のホテルを紹介してくれます。ベニキアサイトは日本語ページもあり、ウェブ上でホテルの予約ができます。オンドル部屋を体験したい方は観光ホテルを除いた宿泊施設の利用をお勧めします。チェックインとチェックアウトの時間が宿泊施設によって異なることもありますので、予め確認をしておいた方がよいと思います。

ボキャブラリー

손님	お客
서류	書類
여권번호	パスポートナンバー
주소	住所
생년월일	生年月日
나이 / 연세	歳 / お歳（「歳」の敬語形）
직업	職業
국적	国籍
열쇠	鍵
모두 / 다	全部
언제든지 / 뭐든지 / 누구든지 / 어디든지	いつでも / なんでも / だれでも / どこでも
뷔페 / 부페	バイキング
돕다（ㅂ変則活用）	手伝う
짐을 맡기다 / 옮기다	荷物を預ける / 運ぶ
지하철역	地下鉄の駅
오른쪽 / 왼쪽 / 어느 쪽	右の方 / 左の方 / どの方向

3 호텔 방에서 ホテルの部屋で　　1-Track 17

STEP 1　ホテルの部屋でのシーンです。まずは CD を聴いてみましょう。

말씀 좀 묻겠는데요, 전세 택시를 부탁할 수 있습니까?

네, 해 드릴 수 있습니다.

유미는 프런트에 전화해서 전세 택시를 부탁할 수 있는지 물어봅니다.

내일 9시부터 5시까지 부탁하고 싶은데 요금은 얼마입니까?
일본어 할 줄 아는 운전기사님이면 더 좋겠는데요.

내일 9시부터 5시까지시죠? 요금은 알아보고 나중에 알려 드리겠습니다.

유미는 전세 택시 사용시간을 말하고 요금을 물어봅니다.

여보세요. 바닥이 좀 차가운데 따뜻하게 할 수 없을까요?

죄송합니다. 곧 사람을 보내겠습니다.

유미는 온돌방 바닥이 차가워서 프런트에 전화합니다.

미안합니다. 열쇠를 방에 놓고 나왔습니다.

806호실이시죠?　열어 드리겠습니다.

유미는 깜빡하고 방에 열쇠를 놓고 나왔습니다.

重要表現を覚えましょう。
キーセンテンス

◇말씀 좀 묻겠는데요.
ちょっとお尋ねしますが。

◇전세 택시를 부탁할 수 있습니까?
チャータータクシーをお願いできますか?

◇일본어 할 줄 아는 운전기사님이면 더 좋겠는데요.
日本語のできる運転手さんだと、なおいいんですが。

●요금은 알아보고 나중에 알려 드리겠습니다.
料金は調べまして、後ほどお知らせいたします。

◇바닥이 좀 차가운데 따뜻하게 할 수 없을까요?
床が少し冷たいんですが、暖かくしていただけませんか?

제 2 장 ③ 1-Track 17

806 호실인데요. 세면대 물이 안 내려갑니다.

곧 가겠습니다.

유미는 세면대 물이 안 내려가서 프런트에 전화를 겁니다.

죄송하지만 침대방으로 바꿀 수 없을까요?

손님, 뭐가 불편하십니까?

유미는 프런트에 전화해서 방을 바꿀 수 없느냐고 물어봅니다.

실은 온돌방이 처음이라 잠을 못 잤습니다.

그럼 침대방을 알아보고 전화 드리겠습니다.

유미는 방을 바꾸고 싶은 이유를 말합니다.

◇열쇠를 방에 놓고 나왔습니다.
鍵を部屋に置いたまま出てしまいました。

◇세면대 물이 안 내려갑니다.
洗面台の水が流れないんです。

◇죄송하지만 침대방으로 바꿀 수 없을까요?
すみませんが、ベッド部屋に替えていただけないでしょうか？

●손님, 뭐가 불편하십니까?
お客様、何か不都合がございますか？

◇실은 온돌방이 처음이라 잠을 못 잤습니다.
実はオンドル部屋は初めてなのでよく眠れませんでした。

3 호텔 방에서

1-Track 18

STEP 2 今度はユミになって、ホテルの部屋でのことを話してみましょう。

네, 해 드릴 수 있습니다.

유미는 프런트에 전화해서 전세 택시를 부탁할 수 있는지 물어봅니다.

내일 9시부터 5시까지시죠? 요금은 알아보고 나중에 알려 드리겠습니다.

유미는 전세 택시 사용시간을 말하고 요금을 물어봅니다.

죄송합니다. 곧 사람을 보내겠습니다.

유미는 온돌방 바닥이 차가워서 프런트에 전화합니다.

806 호실이시죠? 열어 드리겠습니다.

유미는 깜빡하고 방에 열쇠를 놓고 나왔습니다.

ホテルの部屋での注文や苦情を伝える際に役立つ表現を覚えましょう。

応用表現
1-Track 19

◇내일 아침 6시 반에 모닝콜 해 주세요.
明日の朝6時半にモーニングコールしてください。

◇뜨거운 물이 안 나와요.
お湯が出ません。

◇인터넷 연결이 안 되는데요.
インターネットの接続ができないんですが。

◇휴지가 떨어졌어요.
トイレットペーパーがなくなりました。

◇일본에서 가져온 드라이기를 사용할 수 있어요?
日本から持って来たドライヤーを使うことができますか？

제 2 장 ③ 1-Track 18

곧 가겠습니다.

유미는 세면대 물이 안 내려가서 프런트에
전화를 겁니다.

손님, 뭐가 불편하십니까?

유미는 프런트에 전화해서 방을 바꿀 수
없느냐고 물어봅니다.

그럼 침대방을 알아보고 전화
드리겠습니다.

유미는 방을 바꾸고 싶은 이유를 말합니다.

◇ 전화번호 안내는 몇 번이에요?
　電話番号案内は何番ですか？

● 114 에 물어보세요.
　114 に尋ねてみてください。

◇ 일본에 전화하고 싶은데 일본 국가
　번호가 몇 번이에요?
　日本に電話したいんですが、日本の国番号は何番です
　か？

● 일본 국가 번호는 81 입니다.
　日本の国番号は 81 です。

3 ホテルの部屋で

[イラスト1] ユミはフロントへ電話してチャータータクシーを頼めるか尋ねます。
  ユミ ：ちょっとお尋ねしますが、チャータータクシーをお願いできますか？
 フロント係 ：はい、承ります。

[イラスト2] ユミはチャーター時間を伝え、料金を尋ねます。
  ユミ ：明日の9時から5時までお願いしたいんですが、おいくらでしょうか？ 日本語のできる運転手さんだと、なおいいんですが。
 フロント係 ：明日の9時から5時までですね。
     料金は調べまして、後ほどお知らせいたします。

[イラスト3] ユミはオンドルの床が冷たいのでフロントに電話します。
  ユミ ：もしもし、床が少し冷たいんですが、暖かくしていただけませんか？
 フロント係 ：申し訳ございません。すぐ係の者を伺わせます。

[イラスト4] ユミはうっかり部屋に鍵を置いたまま出てしまいました。
  ユミ ：すみません、鍵を部屋に置いたまま出てしまいました。
 フロント係 ：806号室ですね？ お開けいたします。

[イラスト5] ユミは洗面台の水はけがよくないのでフロントに電話します。
  ユミ ：806号室ですが、洗面台の水が流れないんです。
 フロント係 ：すぐ、お伺いします。

[イラスト6] ユミはフロントに電話して部屋を替わることはできないか尋ねます。
  ユミ ：すみませんが、ベッド部屋に替えていただけないでしょうか？
 フロント係 ：お客様、何か不都合がございますか？

[イラスト7] ユミは部屋を替わりたい理由を話します。
  ユミ ：実は、オンドル部屋は初めてなのでよく眠れませんでした。
 フロント係 ：それではベッド部屋をお探ししてお電話いたします。

Information

ホテルの部屋で

　韓国は日本列島と同様、北半球の中緯度上に位置しているため四季折々の変化に富んでいて、季節ごとの楽しみ方があります。気候は日本とよく似ていますが、冬の寒さはとても厳しいです。ソウルを例にとっていえば気温は12月・1月・2月の平均最高気温は2度～4度くらい、平均最低気温は－3度～－6度くらいにまで下がります。平均最低気温が－3度～－6度ですから、時には－10度を下回る日もあります。真冬に交わすあいさつは「温まっていきなさい」ではなく、"몸 좀 녹이고 가세요.(体を融かしていきなさい)"と言うほどですから、どれほど寒さが厳しいか窺い知れます。そのため韓国伝統家屋は冬向きに造られています。部屋は狭く、天井は低く、窓は小さく、そして床は韓国独特の床暖房オンドルです。－10度という厳寒の屋外から一歩オンドルパン（オンドル部屋）に足を踏み入れると、まるで氷の塊のようにカチカチになった体が徐々にほぐれて柔らかくなっていくのを、実に心地好く感じます。油紙の床と体との接触面積が広いほど心地よいので、座っていても足を伸ばしたり、横になったりして、つい、うとうとしてしまうオンドルパンです。百聞は一見にしかず、冬にはぜひ、先人の叡智が生み出したオンドルパンを体験してみてください。ただし、頭寒足熱というわけにはいかないので、慣れない人は頭までほてり安眠できないかもしれません。オンドルパンの心地よさは冬だけでなく、床を暖めない夏にはひんやりとした床が体の熱気を吸い取ってくれてとても快適です。

ボキャブラリー

냉장고	冷蔵庫	차갑다	冷たい
전세 택시	チャータータクシー	따뜻하다	暖かい
요금	料金	내려가다	下りて行く
바닥	床	죄송하다	申し訳ない
세면대	洗面台	불편하다	居心地が悪い
물	水	바꾸다	取り替える
나중에	後ほど	처음	最初
곧	すぐ	뜨거운 물	湯
비누	石鹸	연결	接続
칫솔	歯ブラシ	휴지	トイレットペーパー
치약	歯磨き粉	떨어지다	使い切ってなくなる
이불	布団		

4 호텔 체크아웃

ホテルをチェックアウト　　1-Track 20

STEP 1　ホテルをチェックアウトするシーンです。まずは CD を聴いてみましょう。

안녕하십니까?

안녕하세요?
체크아웃 부탁드립니다.

유미는 프런트 데스크에 갑니다.

성함과 방 번호를 알려 주십시오.

야마다 유미고, 808 호실입니다.
한 번 방을 옮겼습니다.
열쇠 여기 있습니다.

유미는 방 열쇠를 반납합니다.

다섯 시간 정도 짐을 맡길 수 있을까요?

네, 벨보이 데스크에서 맡아 드립니다.

유미는 짐 보관을 부탁합니다.

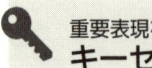

국제전화를 거셨네요.

네, 일본에 세 번 걸었습니다.

프런트 직원은 명세서를 작성합니다.

🔑 重要表現を覚えましょう。
キーセンテンス

◇ 체크아웃 부탁드립니다.
　チェックアウトをお願いします。

● 성함과 방 번호를 알려 주십시오.
　お名前とお部屋番号をお願いいたします。

◇ 다섯 시간 정도 짐을 맡길 수 있을까요?
　5 時間ほど、荷物を預けられないでしょうか?

● 벨보이 데스크에서 맡아 드립니다.
　ベルボーイデスクでお預かりいたします。

● 국제전화를 거셨네요.
　国際電話をおかけになりましたね。

제 2 장 ④

명세서를 확인해 주시겠습니까?

이게 무슨 비용입니까?

이것은 커피숍을 이용하셨을 때 쓰신 비용입니다.

아, 맞습니다.

유미는 명세서를 확인합니다.

지불은 뭘로 하시겠습니까?

신용카드도 받습니까?

네, 물론입니다. 오늘 환율로 계산해 드리겠습니다.

유미는 신용카드로 지불합니다.

영수증 여기 있습니다. 저희 호텔을 이용해 주셔서 감사합니다.

감사합니다.

유미는 영수증을 받습니다.

다섯 시간 정도 짐 보관을 부탁드립니다.

네, 알겠습니다. 이게 짐 보관표입니다. 잘 다녀오십시오.

유미는 벨보이 데스크에 짐을 맡깁니다.

- ●명세서를 확인해 주시겠습니까?
  明細書をご確認いただけますか?

- ◇이게 무슨 비용입니까?
  これは何の費用ですか?

- ◇신용카드도 받습니까?
  クレジットカードでもいいですか?

- ●저희 호텔을 이용해 주셔서 감사합니다.
  私どものホテルをご利用くださいましてありがとうございました。

- ●잘 다녀오십시오.
  行ってらっしゃいませ。

4 호텔 체크아웃

1-Track 21

STEP 2 今度はユミになって、ホテルをチェックアウトしてみましょう。

안녕하십니까?

유미는 프런트 데스크에 갑니다.

성함과 방 번호를 알려 주십시오.

유미는 방 열쇠를 반납합니다.

네, 벨보이 데스크에서 맡아 드립니다.

유미는 짐 보관을 부탁합니다.

국제전화를 거셨네요.

프런트 직원은 명세서를 작성합니다.

ホテルをチェックアウトする際に役立つ表現を覚えましょう。

応用表現
1-Track 22

◇지금 곧 체크아웃 할 수 있어요?
今すぐチェックアウトできますか？

◇체크아웃 시간을 1시간 정도 늦출 수 없어요?
チェックアウトの時間を1時間ほど遅らせていただけませんか？

◇택시를 불러 주시겠습니까?
タクシーを呼んでいただけますか？

제 2 장 ④ 1-Track 21

명세서를 확인해 주시겠습니까?

이것은 커피숍을 이용하셨을 때 쓰신 비용입니다.

유미는 명세서를 확인합니다.

지불은 뭘로 하시겠습니까?

네, 물론입니다. 오늘 환율로 계산해 드리겠습니다.

유미는 신용카드로 지불합니다.

영수증 여기 있습니다. 저희 호텔을 이용해 주셔서 감사합니다.

유미는 영수증을 받습니다.

네, 알겠습니다. 이게 짐 보관표입니다. 잘 다녀오십시오.

유미는 벨보이 데스크에 짐을 맡깁니다.

- ●인천국제공항으로 가시겠습니까?
  김포국제공항으로 가시겠습니까?
  仁川（インチョン）国際空港に行かれますか？
  金浦（キンポ）国際空港に行かれますか？

- ◇공항까지 택시로는 얼마나 듭니까?
  空港までタクシーだといくらくらいかかりますか？

- ◇공항까지 시간이 얼마나 걸립니까?
  空港まで時間はどれくらいかかりますか？

- ●호텔 앞에 리무진버스가 섭니다.
  ホテルの前にリムジンバスが停まります。

57

4

ホテルをチェックアウト

- イラスト1　ユミはフロントに行きます。
  - フロント係　：おはようございます。
  - ユミ　　　　：おはようございます。チェックアウトをお願いします。

- イラスト2　ユミはルームキーを返却します。
  - フロント係　：お名前とお部屋番号をお願いいたします。
  - ユミ　　　　：山田ユミ、808号室です。一度部屋を替わりました。
  　　　　　　　　ルームキーです。

- イラスト3　ユミは荷物の保管を頼みます。
  - ユミ　　　　：5時間ほど、荷物を預けられないでしょうか？
  - フロント係　：はい、ベルボーイデスクでお預かりいたします。

- イラスト4　フロント係は明細書を作成します。
  - フロント係　：国際電話をおかけになりましたね。
  - ユミ　　　　：ええ、3度、日本にかけました。

- イラスト5　ユミは明細書を確認します。
  - フロント係　：明細書をご確認いただけますか？
  - ユミ　　　　：これは何の費用ですか？
  - フロント係　：こちらはコーヒーショップをご利用の際にお使いになった費用
  　　　　　　　　でございます。
  - ユミ　　　　：ああ、そうです。

- イラスト6　ユミはクレジットカードで支払います。
  - フロント係　：お支払いはどのようになさいますか？
  - ユミ　　　　：クレジットカードでもいいですか？
  - フロント係　：はい、もちろんです。本日のレートで計算いたします。

- イラスト7　ユミは領収書を受け取ります。
  - フロント係　：こちらが領収書でございます。
  　　　　　　　　私どものホテルをご利用くださいましてありがとうございました。
  - ユミ　　　　：ありがとうございました。

- イラスト8　ユミはベルボーイデスクに荷物を預けます。
  - ユミ　　　　：5時間ほど、荷物の保管をお願いします。
  - ベルボーイ　：はい、かしこまりました。こちらが荷物預り証です。
  　　　　　　　　行ってらっしゃいませ。

Information

似て非なる韓国語と日本語

　日本語と韓国語には他の外国語との間には見られないほど類似点がたくさんあります。その一つに語順がほぼ同じことが挙げられます。語順がほぼ同じということは逐語訳がかなり可能だということです。しかし何から何まで逐語訳が可能なわけではありませんし、言語表現の異なる部分もあります。日本語でよく使われている丁寧な表現で、「電話をお借りします」とか、「トイレ、貸してください」もその例です。

　「電話をお借りします」"전화 빌리겠습니다."
　「トイレ、貸してください」"화장실 빌려 주세요."

　韓国語に直訳して言うと韓国人は、「電話を、トイレを、どこに持って行くんですか」、などと言って笑います。

　「電話をお借りします」は、"전화 좀 쓰겠습니다. （ちょっと電話を使います）"

　「トイレ、貸してください」は、"화장실 어디입니까？ （トイレはどこですか？）"

　と、普通こんなふうに言います。

　また、日本人は「すみません」を、礼を言うとき、頼むとき、呼びかけるときにも使います。しかし、「すみません」に当たる"미안합니다."は、謝るときにしか使いませんので、お店などに入っていきなりとか、人を呼ぶときに"미안합니다."は、不適当な表現です。本書にもいくつか日本語と韓国語の言い回しの異なるフレーズが出ていますので覚えてください。

　韓国語にも사이비（似而非）という単語があり、偽とかインチキと言う意味で使われています。

ボキャブラリー

반납	返却	계산	計算
현금	現金	영수증	領収書
신용카드	クレジットカード	보관	保管
여행자수표	トラベラーズチェック	다녀오다	行って来る
짐 보관표	荷物預り証	받다	受け取る
서명	サイン	늦추다	遅らせる
유실물	忘れ物	물론	もちろん
확인	確認	들다	（お金が）かかる
명세서	明細書	걸리다	（時間が）かかる
비용	費用	도착하다	到着する
환율	レート		

イラスト単語　몸〈からだ〉

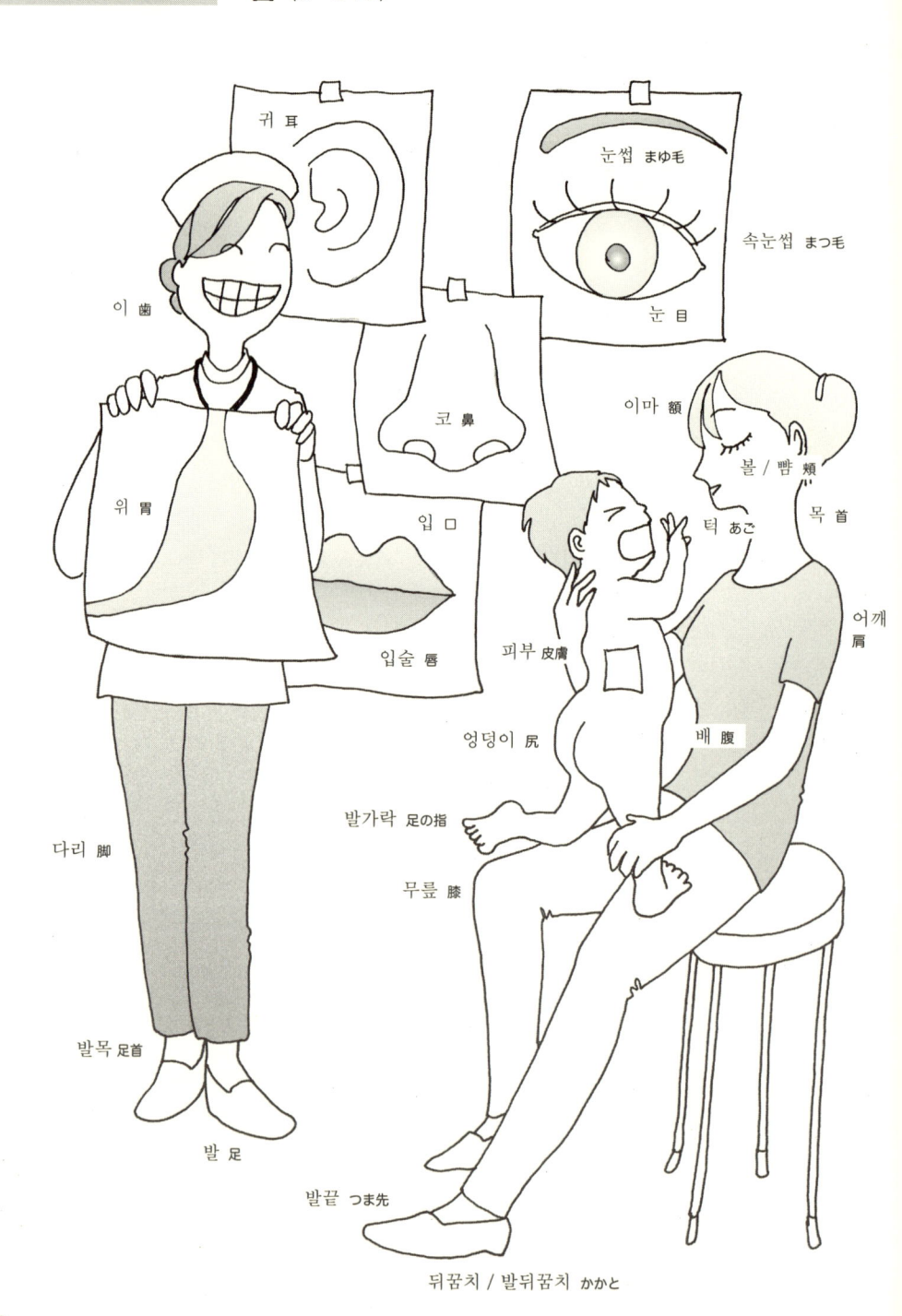

- 귀 耳
- 눈썹 まゆ毛
- 속눈썹 まつ毛
- 이 歯
- 눈 目
- 코 鼻
- 이마 額
- 볼/뺨 頬
- 위 胃
- 입 口
- 턱 あご
- 목 首
- 입술 唇
- 피부 皮膚
- 어깨 肩
- 엉덩이 尻
- 배 腹
- 발가락 足の指
- 다리 脚
- 무릎 膝
- 발목 足首
- 발 足
- 발끝 つま先
- 뒤꿈치 / 발뒤꿈치 かかと

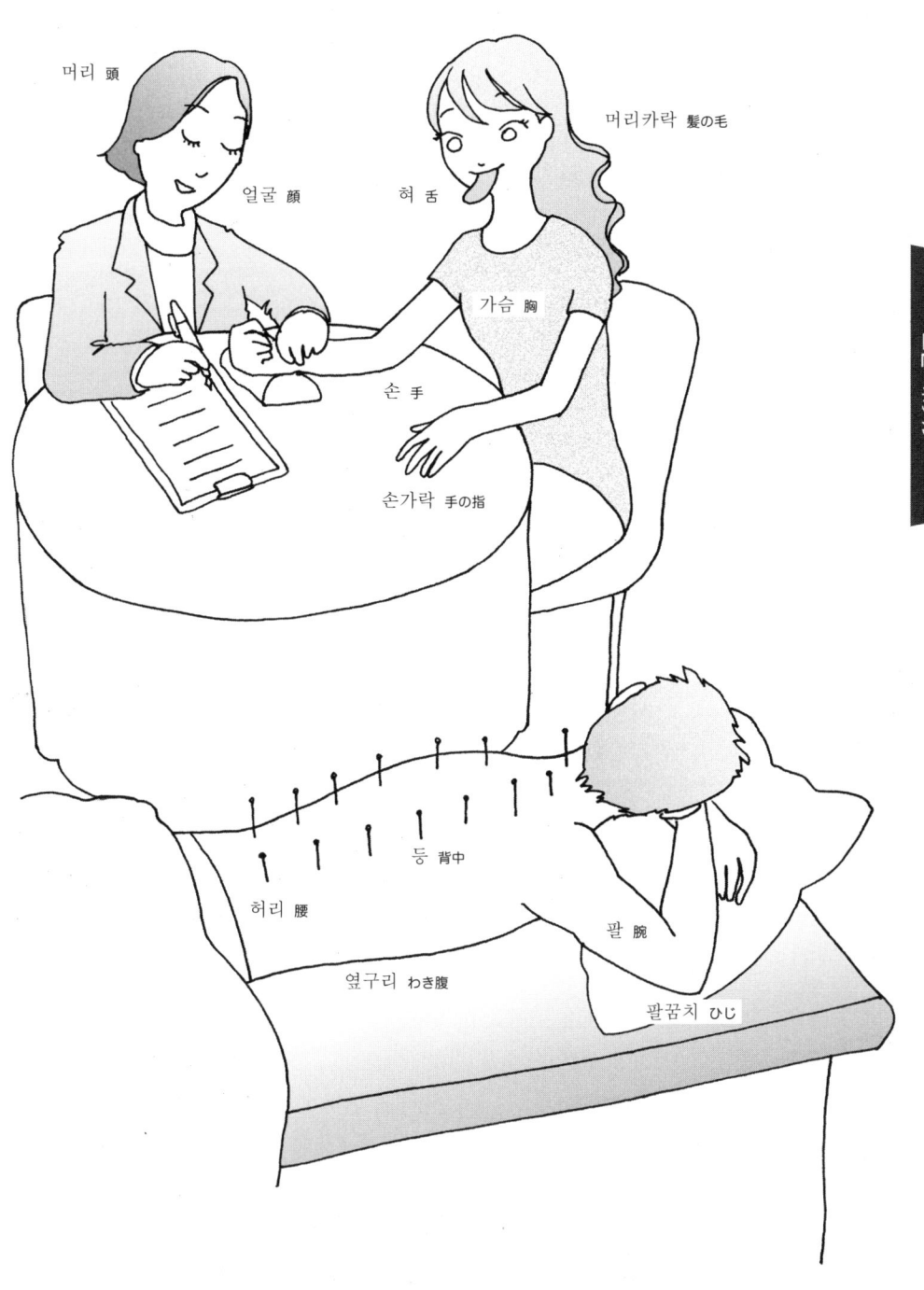

머리 頭
얼굴 顔
머리카락 髪の毛
혀 舌
가슴 胸
손 手
손가락 手の指
등 背中
허리 腰
옆구리 わき腹
팔 腕
팔꿈치 ひじ

호텔 ホテル

発音に関するアドバイス（2） 1-Track 23

　韓国語の発音の難しさの一つにパッチム〈ㅁ [m] ㄴ [n] ㅇ [ŋ]〉と〈ㅂ [ᵖ] ㄷ [ᵗ] ㄱ [ᵏ]〉の発音があります。大雑把に言えば、パッチム〈ㅁ [m] ㄴ [n] ㅇ [ŋ]〉は「ん」、パッチム〈ㅂ [ᵖ] ㄷ [ᵗ] ㄱ [ᵏ]〉は「っ」に当たります。一つひとつを発音するのはさほど難しくはありませんが、これらのパッチムは次の初声の影響を受けやすいために、パッチムと次の初声の組み合わせによって、パッチムの発音が易しかったり、難しかったりします。日本語母語話者には母語干渉を受けやすい部分です。

発音しやすい組み合わせ	発音しにくい組み合わせ
パッチム・初声	パッチム・初声
ㅁ・ㅁㅂㅍㅃ	ㅁ・ㄴㄷㅌㄸㅅㅆㅈㅊㅉ ㄱㅋㄲㅎ
ㄴ・ㄴㄷㅌㄸㅅㅆㅈㅉ	ㄴ・ㅁㅂㅍㅃ ㄱㅋㄲㅎ
ㅇ・ㄱㅋㄲㅎ	ㅇ・ㅁㅂㅍㅃ ㄴㄷㅌㄸㅅㅆㅈㅊㅉ

　　　　　　　　　　ただし、ㅁパッチムとㄴパッチムの次の初声ㅎは弱化します。

パッチムの発音を確認したい場合、

1.〈ㅁ・ㅂ〉パッチムの発音を確認したい場合

　〈ㅁ・ㅂ〉パッチムの次に、ぱ行音・ば行音で始まる音を付けて発音してみましょう。
　ㅁ [m]・ㅂ [ᵖ] は自然に発音されているはずです。

かんぱい（乾杯）［감파이］	かっぱん（活版）［갑빤］

2.〈ㄴ・ㄷ〉パッチムの発音を確認したい場合

　〈ㄴ・ㄷ〉パッチムの次に、た行音で始まる音を付けて発音してみましょう。
　ㄴ [n]・ㄷ [ᵗ] は自然に発音されているはずです。

せんたい（船体）［센타이］	せったい（接待）［섣따이］

3.〈ㅇ・ㄱ〉パッチムの発音を確認したい場合

　〈ㅇ・ㄱ〉パッチムの次に、か行で始まる音を付けて発音してみましょう。
　ㅇ [ŋ]・ㄱ [ᵏ] は自然に発音されているはずです。

さんかく（三角）［상카쿠］	さっかく（錯覚）［삭까쿠］

　いずれの場合も、続けて数回を速く発音してみましょう。速く発音した方が「ん」と「っ」の発音が確認しやすいです。

제 3 장 (第3章)

1-Track 24-32

교통 　　　　　　　　　　　交通

1. 택시 타기　　　タクシーに乗る
2. 지하철 타기　　地下鉄に乗る
3. KTX 타기　　　KTXに乗る

1 택시 타기 タクシーに乗る

1-Track 24

STEP 1　タクシーに乗って移動するシーンです。まず CD を聴いてみましょう。

어디 가십니까?

남대문시장이요.

유미는 목적지를 말합니다.

여기서 남대문시장까지 얼마나 걸려요?

길이 막히지 않으면 10 분 정도 걸려요.

종로에서 남대문시장까지 얼마나 걸리는지 물어봅니다.

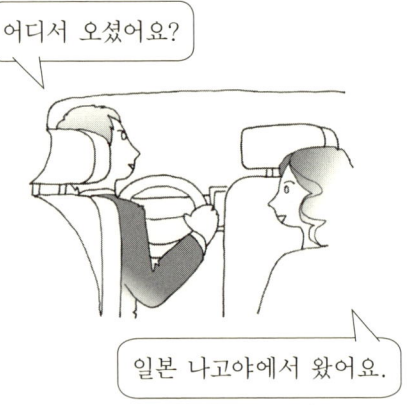

어디서 오셨어요?

일본 나고야에서 왔어요.

택시 기사가 어디서 왔는지 물어봅니다.

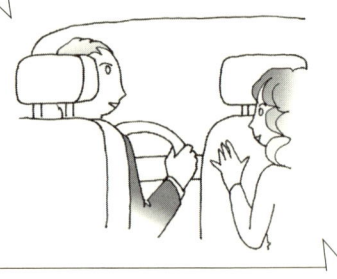

한국말 잘하시네요.

아직 멀었어요. 한국어 너무 어려워요.

택시 기사가 유미의 한국어 실력을 칭찬합니다.

重要表現を覚えましょう。
キーセンテンス

- 어디 가십니까?
  どこまで行かれますか？

◇ 남대문시장까지 얼마나 걸려요?
  南大門市場までどのくらいかかりますか？

- 길이 막히지 않으면 10 분 정도 걸려요.
  道が込まなければ 10 分くらいです。

- 한국말 잘하시네요.
  韓国語がお上手ですね。

◇ 아직 멀었어요. 한국어 너무 어려워요.
  まだまだです。韓国語はとても難しいです。

제 3 장   1   1-Track 24

길이 좀 막히네요.

다 왔습니다.

얼마예요?

괜찮아요. 급하지 않아요.

5 천 원입니다.

길이 막힙니다.

택시 요금을 물어봅니다.

여기 있습니다.

좋은 여행 되십시오. 안녕히 가십시오.

거스름돈 받으십시오.

감사합니다.

유미는 택시 요금을 냅니다.

택시 기사에게 인사를 합니다.

- ●길이 좀 막히네요.
  道が少し込んでいますね。

- ◇괜찮아요. 급하지 않아요.
  大丈夫です。急ぎませんから。

- ●다 왔습니다.
  着きました。

- ●거스름돈 받으십시오.
  おつりをどうぞ。

1 택시 타기

1-Track 25

STEP 2 今度はユミになって、タクシーに乗ってみましょう。

어디 가십니까?

유미는 목적지를 말합니다.

길이 막히지 않으면 10분 정도 걸려요.

종로에서 남대문시장까지 얼마나 걸리는지 물어봅니다.

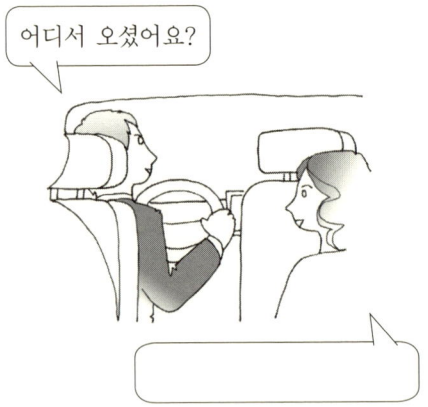

어디서 오셨어요?

택시 기사가 어디서 왔는지 물어봅니다.

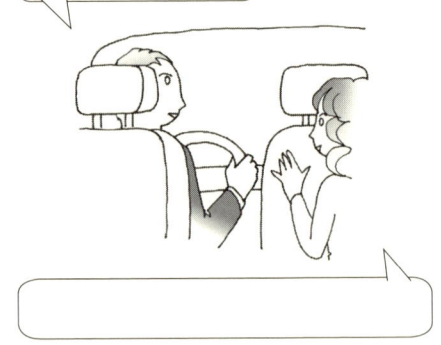

한국말 잘하시네요.

택시 기사가 유미의 한국어 실력을 칭찬합니다.

タクシーに乗る際に役立つ表現を覚えましょう。

応用表現
1-Track 26

- ●어디까지 가세요?
  どこまで行かれますか?

- ◇이 주소로 가 주세요.
  この住所までお願いします。

- ●주소와 전화번호 갖고 계십니까?
  住所と電話番号をお持ちでいらっしゃいますか?

- ◇짐이 있어요.
  荷物があります。

- ◇트렁크 좀 열어 주시겠어요?
  トランクをちょっと開けていただけますか?

- ◇명동까지 시간이 얼마나 걸려요?
  明洞(ミョンドン)までどのくらいかかりますか?

제 3 장 1 1-Track 25

길이 좀 막히네요.

다 왔습니다.

5 천 원입니다.

길이 막힙니다.

택시 요금을 물어봅니다.

좋은 여행 되십시오. 안녕히 가십시오.

거스름돈 받으십시오.

유미는 택시 요금을 냅니다.

택시 기사에게 인사를 합니다.

◇담배 피워도 됩니까?
　タバコを吸ってもいいですか?

●네, 됩니다.
　はい、どうぞ。

◇라디오 / 난방/ 에어컨 좀 꺼 주세요.
　ラジオ / 暖房 / 冷房をちょっと切ってください。

◇영수증 주세요.
　領収書をください。

◇빨리 가 주세요.
　急いでください。

◇잔돈은 됐습니다.
　おつりは結構です。

◇여기서 세워 주세요.
　ここで止めてください。

交通

1

タクシーに乗る

イラスト1　ユミは行き先をつげます。
　　　　運転手　：どこまで行かれますか？
　　　　ユミ　　：南大門市場（ナンデムンシジャン）までお願いします。

イラスト2　鐘路（チョンノ）から南大門市場までどのくらいかかるか尋ねます。
　　　　ユミ　　：ここから南大門市場までどのくらいかかりますか？
　　　　運転手　：道が込まなければ10分くらいです。

イラスト3　運転手がどこから来たのか尋ねます。
　　　　運転手　：どちらから来られましたか？
　　　　ユミ　　：日本の名古屋から来ました。

イラスト4　運転手がユミの韓国語を褒めます。
　　　　運転手　：韓国語がお上手ですね。
　　　　ユミ　　：まだまだです。韓国語はとても難しいです。

イラスト5　道が込んでいます。
　　　　運転手　：道が少し込んでいますね。
　　　　ユミ　　：大丈夫です。急ぎませんから。

イラスト6　タクシー料金を尋ねます。
　　　　運転手　：着きました。
　　　　ユミ　　：おいくらですか？
　　　　運転手　：5,000ウォンです。

イラスト7　ユミはタクシー料金を払います。
　　　　ユミ　　：どうぞ。
　　　　運転手　：おつりをどうぞ。

イラスト8　運転手にお礼を言います。
　　　　運転手　：楽しいご旅行を。さようなら。
　　　　ユミ　　：ありがとうございます。

Information

新たな一般タクシー「ヘチタクシー」

　2010年2月に「ヘチタクシー」が誕生しました。「ヘチ」とは伝説上の動物で、ソウルの守護神的存在です。特別なタクシーではなく、一般タクシーの車体がオレンジ色になったものです。色合いはインターナショナルタクシーと似ていますが、ヘチタクシーでは外国語の対応はできないので注意してください。

　韓国のタクシーは深夜12時から4時までは20%の割増料金が加算されます。タクシー乗降時には、自動ドアではなく乗客がドアの開閉をしなければならないのが、日本と違うところです。

ボキャブラリー

택시 요금	タクシー料金	기본 요금	基本料金
택시타는 곳	タクシー乗り場	야간할증 요금	夜行割増料金
운전기사 / 기사 아저씨	運転手	택시기사	タクシー運転手
요금 미터	(タクシーの) 料金メーター	거스름돈	おつり
모범 택시	模範タクシー	빈차	空車
일반 택시	一般タクシー		

2 지하철 타기 地下鉄に乗る　　1-Track 27

STEP 1　地下鉄の切符を買うシーンです。まず CD を聴いてみよう。

지하철 표는 어디서 사야 돼요?

저기 교통카드 판매기에서 팝니다.

유미는 지하철 표를 사려고 합니다.

지하철 표를 사려고 하는데 어떻게 해야 됩니까?

교통카드를 구입하셔야 합니다.

유미는 교통카드 구입 방법을 물어봅니다.

먼저 목적지를 선택하고 요금과 카드 보증금 500 원을 넣으십시오

어디 가십니까?

인사동에 가려고 하는데요.

역직원이 교통카드 구입 방법을 가르쳐 줍니다.

역직원이 목적지를 물어봅니다.

🔑 **重要表現を覚えましょう。**
キーセンテンス

◇지하철 표는 어디서 사야 돼요?
　切符はどこで買えばいいですか？

●저기 교통카드 판매기에서 팝니다.
　あそこの交通カード販売機で売っています。

◇지하철 표를 사려고 하는데 어떻게 해야 됩니까?
　地下鉄の切符を買いたいんですが、どうすればいいですか？

●교통카드를 구입하셔야 합니다.
　交通カードを購入しなければなりません。

●먼저 목적지를 선택하고 요금과 카드 보증금 500 원을 넣으십시오
　まず、行き先を選択して、料金と保証金 500 ウォンを入れてください。

제3장 ② 1-Track 27

인사동에 가려면 어느 역에서 내려야 돼요?

안국역까지 1,150 원이고, 카드 보증금 500 원이니까 1,650 원이네요.

여기가 명동역이니까 다음 충무로역에서 내려서 3 호선으로 갈아타고, 안국역에서 내리시면 됩니다.

유미는 어느 역에서 내리면 되는지 물어봅니다.

안국역에서 내려서 보증금 환원기에 1 회용 교통카드를 넣으면, 보증금을 받으실 수 있습니다.

유미는 교통카드 판매기에서 교통카드를 삽니다.

충무로역에서 갈아타실 때 오렌지색 대화 방면으로 가는 걸 타십시오.

고맙습니다. 수고하세요.

역직원은 환승하는 방법을 설명해 줍니다.

◇인사동에 가려면 어느 역에서 내려야 돼요?
　仁寺洞に行くには、どちらの駅で降りればいいですか？

●여기가 명동역이니까 다음 충무로역에서 내려서 3 호선으로 갈아타고, 안국역에서 내리시면 됩니다.
　ここは明洞駅なので、次の忠武路駅で降りて、3号線に乗り換えて、安国駅で降りればいいです。

●안국역에서 내려서 보증금 환원기에 1 회용 교통카드를 넣으면, 보증금을 받으실 수 있습니다.
　安国駅で降りて、保証金換金機に1回用の交通カードを入れると保証金が戻ってきます。

●충무로역에서 갈아타실 때 오렌지색 대화 방면으로 가는 걸 타십시오.
　忠武路駅で乗り換えるとき、オレンジ色の大化(テファ)行きに乗ってください。

2 지하철 타기

1-Track 28

STEP 2 今度はユミになって、地下鉄の切符を買ってみましょう。

저기 교통카드 판매기에서 팝니다.

유미는 지하철 표를 사려고 합니다.

교통카드를 구입하셔야 합니다.

유미는 교통카드 구입 방법을 물어봅니다.

먼저 목적지를 선택하고 요금과 카드 보증금 500 원을 넣으십시오

어디 가십니까?

역직원이 교통카드 구입 방법을 가르쳐 줍니다.

역직원이 목적지를 물어봅니다.

地下鉄に乗る際に役立表現を覚えましょう。

応用表現
1-Track 29

◇몇 호선을 타야 합니까?
何号線に乗ればいいですか？

◇어느 역에서 갈아타야 해요?
どこで乗り換えればいいですか？

◇몇 번 출구로 나가야 합니까?
何番出口に出ればいいですか？

●3 번 출구로 나가십시오.
3番出口に出てください。

●내리실 문은 오른쪽입니다.
右側のドアからお降りください

●다음 역에서 내리셔야 합니다.
次の駅で降りなければなりません。

여기가 명동역이니까 다음 충무로역에서
내려서 3 호선으로 갈아타고,
안국역에서 내리시면 됩니다.

유미는 어느 역에서 내리면 되는지
물어봅니다.

충무로역에서 갈아타실 때 오렌지색
대화 방면으로 가는 걸 타십시오.

역직원은 환승하는 방법을 설명해 줍니다.

안국역에서 내려서 보증금 환원기에
1 회용 교통카드를 넣으면,
보증금을 받으실 수 있습니다.

유미는 교통카드 판매기에서 교통카드를
삽니다.

◇다음 역은 어디입니까?
　次の駅はどこですか？

●원하시는 서비스를 선택하세요.
　希望するサービスを選んでください。

●1 회용 교통카드를 선택합니다.
　1回用の交通カードを選んでください。

●목적지 역명이나 운임을 선택합니다.
　目的地の駅名と運賃を選んでください。

●해당금액을 넣은 후 확인 버튼을
　누릅니다.
　金額を入れて、確認ボタンを押します。

●1 회용 교통카드와 거스름돈을 가져
　가십시오.
　1回用の交通カードとおつりをお取りください。

2

地下鉄に乗る

イラスト1	ユミは地下鉄の切符を買おうとします。

    ユミ ：地下鉄の切符はどこで買えばいいですか？
    駅員 ：あそこの交通カード販売機で売っています。

イラスト2	ユミは交通カードの購入方法を尋ねます。

    ユミ ：地下鉄の切符を買いたいんですが、どうすればいいですか？
    駅員 ：交通カードを購入しなければなりません。

イラスト3	駅員が交通カードの購入方法を教えてくれます。

    駅員 ：まず、行き先を選択して、料金と保証金500ウォンを入れてください。

イラスト4	駅員は行き先を尋ねます。

    駅員 ：どちらに行かれますか？
    ユミ ：仁寺洞（インサドン）に行きたいんですが。

イラスト5	ユミはどちらの駅で降りればいいか尋ねます。

    ユミ ：仁寺洞に行くには、どちらの駅で降りればいいですか？
    駅員 ：ここは明洞（ミョンドン）駅なので、次の忠武路（チュンムロ）駅で降りて、3号線に乗り換えて、安国（アングッ）駅で降りればいいです。

イラスト6	ユミは交通カード販売機で交通カードを買います。

    ユミ ：安国駅まで1,150ウォンで、カード保証金が500ウォンなので、1,650ウォンですね。
    駅員 ：安国駅で降りて、保証金換金機に1回用交通カードを入れると保証金が戻ってきます。

イラスト7	駅員は乗り換えする方法を説明してくれます。

    駅員 ：忠武路駅で乗り換えるとき、オレンジ色の大化（テファ）行きに乗ってください。
    ユミ ：ありがとうございます。

Information

地下鉄

　ソウルの地下鉄は1号線から9号線まで9つのラインが運行しています。各路線は色で区別されていて、乗り換え駅は内部でつながっているので非常に便利です。2009年に紙の切符が廃止され、カードタイプ（交通カード）の切符になりました。地下鉄駅にある「1回用販売・交通カードチャージ機」で行き先を選んで、運賃と保証金（500ウォン）を入れます。メイン画面で日本語を指定すると、日本語での案内になるので、心配はいりません。

　保証金は下車してから換金機に1回用交通カードを入れると返ってきます。1回用交通カードは地下鉄でのみ使用可能で、一度改札を出るとそれ以後は使えなくなります。

ボキャブラリー

지하철 노선	地下鉄路線	안전선	安全線
몇 호선	何号線	오른쪽	右側
교통카드	交通カード (T-money)	왼쪽	左側
충전	チャージ	사용 안내	使用案内
1회용교통카드	1回用交通カード	우대용	優待用
환승역	乗換駅	일반용	一般用
방면	方面、〜行き	어린이용	子供用
목적지	目的地	동전 넣는 곳	コインを入れるところ
보증금 환원기	保証金換金機	지폐 넣는 곳	紙幣を入れるところ
분실물 신고	紛失物申告		

3 KTX 타기　KTX（高速鉄道）に乗る　1-Track 30

STEP 1　切符売り場でのシーンです。まず CD を聴いてみましょう。

어디 가십니까?

부산이요.

유미는 부산행 고속철도표를 사려고 합니다.

언제 출발하십니까?

오늘 오전 10 시에 출발하는 걸로 한 장 주세요.

역직원은 언제 출발하는지 묻습니다.

10 시에 출발하는 표는 없는데요.
10 시 30 분에 출발하는 표는 있습니다.

그럼, 그걸로 주세요.

오전 10 시 출발 표는 없다고 합니다.

일반실입니까, 특실입니까?

특실로 주세요.

역직원은 일반실과 특실인지 묻습니다.

🔑 重要表現を覚えましょう。
キーセンテンス

- 언제 출발하십니까?
  いつ出発なさいますか？

◇ 오늘 오전 10 시에 출발하는 걸로 한 장 주세요.
今日の午前 10 時に出発するのを 1 枚ください。

- 10 시에 출발하는 표는 없는데요.
  10 時に出発する切符はもうありません。

- 10 시 30 분에 출발하는 표는 있습니다.
  10 時 30 分発の切符ならあります。

◇ 그럼, 그걸로 주세요.
では、それをください。

편도입니까? 왕복입니까?

편도요.

역직원은 편도인지 왕복인지 묻습니다.

10월 23일 10시 30분 출발, 부산행, 3호차, 7 B, 76,600원입니다.

유미는 표를 구입합니다.

부산까지 시간은 얼마나 걸립니까?

약 2시간 40분 걸립니다.

유미는 부산까지 걸리는 시간을 묻습니다.

이 열차는 잠시 후 부산역에 도착하겠습니다.

도착 안내 방송.

- ●일반실입니까, 특실입니까?
  一般室ですか、特室ですか？

- ●편도입니까? 왕복입니까?
  片道ですか？ 往復ですか？

- ◇특실로 주세요.
  特室をください。

- ●10월 23일 10시 30분 출발, 부산행, 3호차, 7 B, 76,600원입니다.
  10月23日10時30分発、釜山行き、3号車、7 B、76,600ウォンです。

- ●이 열차는 잠시 후 부산역에 도착하겠습니다.
  この列車はまもなく釜山駅に到着いたします。

3　KTX 타기

1-Track 31

STEP 2　今度はユミになって、KTX の切符を買ってみましょう。

「어디 가십니까?」

유미는 부산행 고속철도표를 사려고 합니다.

「언제 출발하십니까?」

역직원은 언제 출발하는지 묻습니다.

「10시에 출발하는 표는 없는데요.
10시 30분에 출발하는 표는 있습니다.」

오전 10시 출발 표는 없다고 합니다.

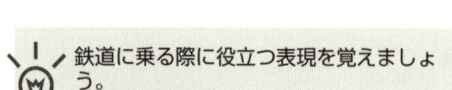

「일반실입니까, 특실입니까?」

역직원은 일반실과 특실인지 묻습니다.

鉄道に乗る際に役立つ表現を覚えましょう。

応用表現
1-Track 32

◇부산행 열차는 몇 번 홈에서 탑니까?
　釜山行きの列車は何番ホームで乗りますか?

◇식당차는 몇 호차입니까?
　食堂車は何号車ですか?

● 식당차는 4 호차입니다.
　食堂車は4号車です。

● 잠시 후에 부산행 열차가 도착하겠습니다.
　まもなく釜山行きの列車が到着します。

◇미안합니다. 여기 제 좌석인데요.
　すみません。ここは私の席ですが。

제 3 장

편도입니까? 왕복입니까?

10 월 23 일 10 시 30 분 출발, 부산행, 3 호차, 7 B, 76,600 원입니다.

역직원은 편도인지 왕복인지 묻습니다.

유미는 표를 구입합니다.

이 열차는 잠시 후 부산역에 도착하겠습니다.

약 2 시간 40 분 걸립니다.

유미는 부산까지 걸리는 시간을 묻습니다.

도착 안내 방송.

◇ 대전까지 시간이 얼마나 걸립니까?
太田 (テジョン) まで時間はどのくらいかかりますか？

◇ 대전 도착 시간은 몇 시입니까?
太田到着時間は何時ですか？

● 표를 보여 주시겠습니까?
切符を見せていただけますか？

◇ 표를 잃어버렸습니다.
切符をなくしてしまいました。

● 역 승강장과 역구내 모든 장소는 금연 구역입니다.
駅のプラットホームと駅構内のすべての場所は禁煙区域です。

● 열차를 타고 내리실 때 조심하시기 바랍니다.
列車に乗り降りの際にはお気をつけください。

◇ 열차 안에 가방을 두고 내렸습니다.
列車の中にカバンを置き忘れてしまいました。

3

KTX（高速鉄道）に乗る

イラスト1 ユミは釜山（プサン）行きのＫＴＸの切符を買おうとします。
駅員　　：どちらに行かれますか？
ユミ　　：釜山です。

イラスト2 駅員はいつ出発するか尋ねます。
駅員　　：いつ出発なさいますか？
ユミ　　：今日の午前10時に出発するのを1枚ください。

イラスト3 10時に出発する切符がありません。
駅員　　：10時に出発する切符はもうありません。
　　　　　10時30分発の切符ならあります。
ユミ　　：では、それをください。

イラスト4 駅員は一般室（普通）か、特室（グリーン）かを尋ねます。
駅員　　：一般室ですか、特室ですか？
ユミ　　：特室をください。

イラスト5 駅員は片道なのか往復なのか尋ねます。
駅員　　：片道ですか？　往復ですか？
ユミ　　：片道です。

イラスト6 ユミは切符を購入します。
駅員　　：10月23日10時30分発、釜山行き、3号車、7Ｂ、76,600ウォンです。

イラスト7 ユミは釜山までかかる時間を尋ねます。
ユミ　　：釜山まで時間はどのくらいかかりますか？
駅員　　：約2時間40分かかります。

イラスト8 到着の案内放送。
案内放送：この列車はまもなく釜山駅に到着いたします。

高速鉄道 KTX

　2004年度4月に高速鉄道KTXが開通して以来、韓国の鉄道を取り巻く環境が一変しました。以前は5時間近くかかったソウルから釜山（プサン）まで、現在はノンストップのKTXなら2時間8分で行くことができます。

　KTXはソウル駅と釜山駅を結ぶ京釜線（キョンブソン）、龍山（ヨンサン）駅から光州（クァンジュ）駅・木浦（モッポ）駅を結ぶ湖南線（ホナムソン）のほか、慶全線（キョンジョンソン）、全羅線（チョルラソン）があります。

　KTXの一般室（普通）は1列が2席＋2席で、車両の中央を境にして前向きと後ろ向きの席に分かれており、座席を回転させることができません。特室（グリーン）は1列が1席＋2席なのでスペースに余裕があり、座席も回転させることができます。切符の購入や予約をする際に参考にしてください。

ボキャブラリー

철도	鉄道	터미널	ターミナル
기차	汽車	특실	グリーン車
식당차	食堂車	일반실	普通車
고속철도	高速鉄道	대합실	待合室
차장	車掌	승강장 / 홈	ホーム
승객	乗客	개찰구	改札口
기차표	切符	안내 방송	案内放送
왕복	往復		
편도	片道		
승차권	乗車券		

イラスト単語　교통 〈交通〉

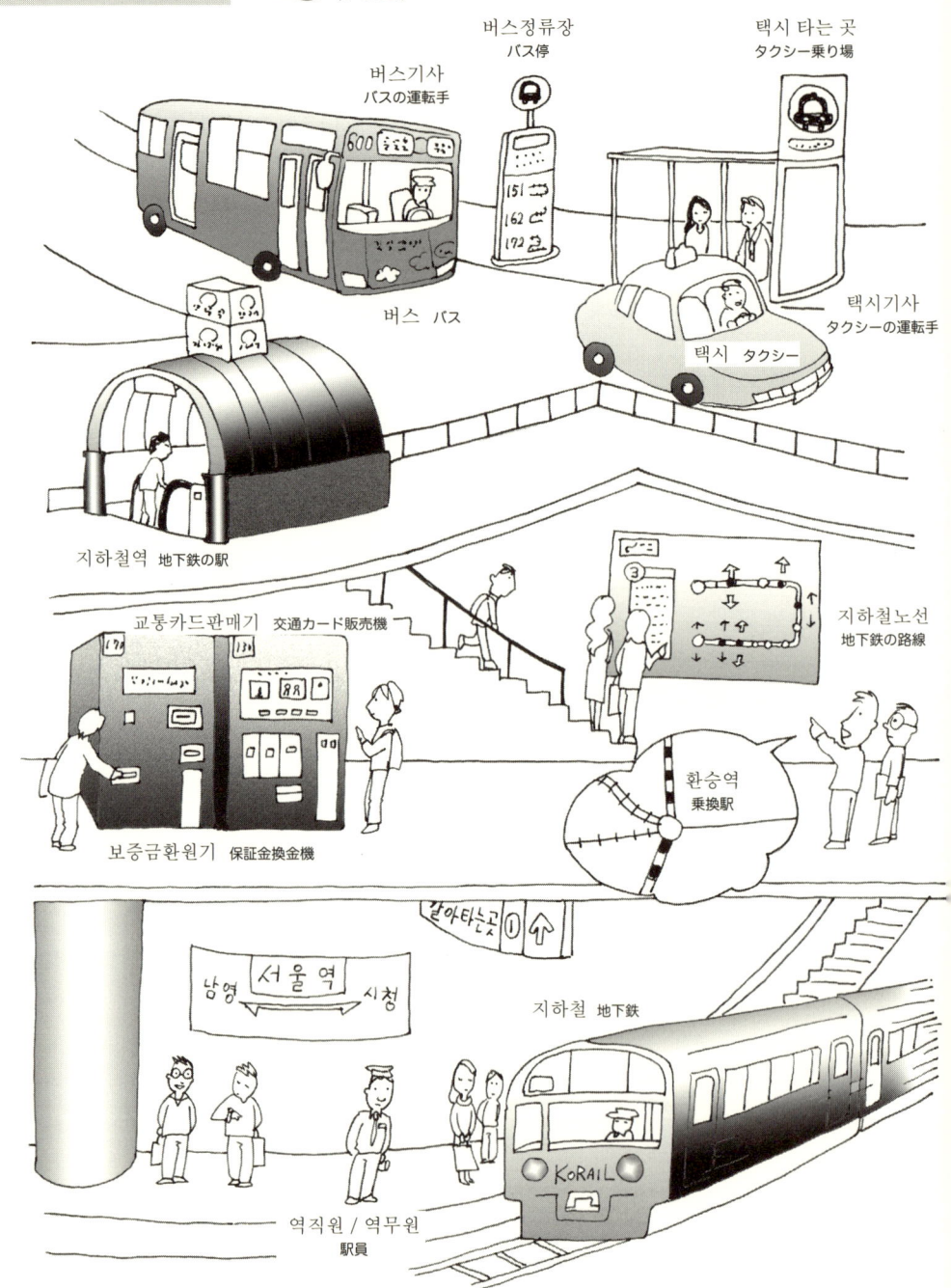

- 버스기사 / バスの運転手
- 버스정류장 / バス停
- 택시 타는 곳 / タクシー乗り場
- 버스 / バス
- 택시기사 / タクシーの運転手
- 택시 / タクシー
- 지하철역 / 地下鉄の駅
- 교통카드판매기 / 交通カード販売機
- 지하철노선 / 地下鉄の路線
- 환승역 / 乗換駅
- 보증금환원기 / 保証金換金機
- 지하철 / 地下鉄
- 역직원 / 역무원 / 駅員

Storyway

대합실 待合室

승강장 / 홈
ホーム

서울 →

개찰구 改札口

고속철도 KTX
高速鉄道 KTX

기차 列車

일반실
一般室（普通）

차장 車掌

특실
特室（グリーン）

식당차 食堂車

승객 乗客

発音に関するアドバイス（3）

　外国語を学ぶ場合、話し相手になってくれるネイティブスピーカーが欲しいものです。その人が、豊かな語彙力と表現力、そして言葉に対するこだわりと厳しさとを持っている人なら、なお望ましいです。日本語がわかる韓国人と知り合いになったり、親しくなったりしたら、「韓国語で話してください」と頼むといいでしょう。それが言えなければ、相手が日本語で話しても、こちらは韓国語で押し通すことです。しかし、相手の日本語が自分の韓国語よりも上だと思うと、韓国語が尻込みしてしまいます。やはり「韓国語で話してください」と一言頼んでおいた方がよさそうです。韓国人が日本語で、日本人が韓国語で話している場面を目にすることがあります。お互いに譲りません。がんばっているなぁと思います。韓国語学習者が韓国語で押し通すと言っても、ある程度話せなくては会話は成立しません。幸い日本語と韓国語は語順がほぼ同じです。逐語訳可能な部分が大きな割合を占めます。まず、言いたいことを簡潔に日本語でまとめておいて一語、一語置き換えていきましょう。韓国語に問題あり、というよりも日本語に問題あり、という場合が結構ありますから。

　ときどき自分の韓国語を聴いてみましょう。自分の声を機器を通して聴くのは、それが日本語であってもとても気恥ずかしいものです。いわんや自分の発した韓国語を聴くとなれば勇気が必要かもしれません。それに面倒かもしれません。しかし、自分の発音している韓国語を聴かずして発音の矯正はできません。語学を学習するのに惜しんではいけないのが、よい辞書と録音再生機器への投資です。お手本となるネイティブスピーカーの韓国語を何度も繰り返して聴いてください。何度も聴くたびごとに、発音に関する新しい発見があるはずです。自分の発音の水準に応じた発見があるはずです。その域に達しなければ見出せない発見がありますから、何度も聴き、何度も発音してみましょう。

　相手の日本語が自分の韓国語よりも上だと思っても尻込みする必要はありません。外国語は間違え、失敗し、恥をかいて上達していくものです。

제 4 장 (第4章)

1-Track 33-41

식사와 차 　　　　　　　　食事とお茶

---

1. 전화로 저녁 예약　　電話で夕食の予約
2. 식당에서　　　　　　食堂で
3. 전통차 마시기　　　　伝統茶を飲む

1 전화로 저녁 예약 電話で夕食の予約
1-Track 33

STEP 1 電話で夕食の予約のシーンです。まずは CD を聴いてみましょう。

안녕하십니까? 서라벌입니다.

감사합니다. 점심이신가요? 저녁 식사신가요?

전통공연을 보면서 식사하고 싶은데요.

여보세요? 서라벌이지요? 예약하고 싶은데요.

전통공연은 저녁 식사 시간에만 합니다.

유미는 식사를 예약하려고 식당에 전화를 겁니다.

유미는 식사하면서 전통공연을 보고 싶다고 합니다.

오늘 공연물은 무엇입니까?

공연물은 내일도 같습니까?

오늘은 가야금 연주와 무용 살풀이입니다.

아니요, 내일은 거문고 연주와 판소리입니다.

유미는 오늘 공연물을 물어봅니다.

유미는 공연물이 내일도 오늘과 같은 거냐고 묻습니다.

重要表現を覚えましょう。 キーセンテンス

◇서라벌이지요? 예약하고 싶은데요.
ソラボルですね? 予約をしたいんですが。

●점심이신가요? 저녁 식사신가요?
ランチですか? ご夕食ですか?

◇전통공연을 보면서 식사하고 싶은데요.
伝統公演を観ながら食事をしたいんですが。

◇오늘 공연물은 무엇입니까?
今日の公演演目は何ですか?

제 4 장 ① 1-Track 33

요금은 얼마입니까?

1인당 5만원입니다.

유미는 요금을 물어봅니다.

그러면 오늘밤 두 명 예약을 부탁합니다. 야마다 유미라고 합니다.

오늘 저녁 식사 두 분이시지요?

유미는 오늘 밤으로 예약을 합니다.

식사와 공연이 몇 시부터 시작됩니까?

식사는 7시부터고, 공연은 8시부터 9시까지입니다.

유미는 식사와 공연이 시작되는 시간을 물어봅니다.

인사동에 가면 금방 찾을 수 있나요?

인사동에서는 누구한테 물어보셔도 다 알 겁니다. 기다리겠습니다.

유미는 서라벌을 쉽게 찾을 수 있는지 묻습니다.

◇요금은 얼마입니까?
　料金はおいくらですか？

●1인당 5만원입니다.
　お一人様 50,000 ウォンでございます。

◇식사와 공연이 몇 시부터 시작됩니까?
　食事と公演は何時から始まりますか？

◇인사동에 가면 금방 찾을 수 있나요?
　仁寺洞に行けばすぐ探せますか？

●인사동에서는 누구한테 물어보셔도 다 알 겁니다.
　仁寺洞でなら、どなたにお尋ねになってもわかります。

식사와 차　食事とお茶

1 전화로 저녁 예약

1-Track 34

STEP 2　今度はユミになって、電話で夕食の予約をしてみましょう。

안녕하십니까? 서라벌입니다.

감사합니다. 점심이신가요? 저녁 식사신가요?

전통공연은 저녁 식사 시간에만 합니다.

유미는 식사를 예약하려고 식당에 전화를 겁니다.

유미는 식사하면서 전통공연을 보고 싶다고 합니다.

오늘은 가야금 연주와 무용 살풀이입니다.

아니요, 내일은 거문고 연주와 판소리입니다.

유미는 오늘 공연물을 물어봅니다.

유미는 공연물이 내일도 오늘과 같은 거냐고 묻습니다.

電話で食事の予約をする際に役立つ表現を覚えましょう。

応用表現
1-Track 35

◇ 오늘 런치 메뉴가 뭡니까?
今日のランチメニューはなんですか?

◇ 예약을 받습니까?
予約できますか?

◇ 예약 취소는 몇 시까지 가능합니까?
予約のキャンセルは何時までなら可能ですか?

● 예약 시간 2시간 전까지 연락 주시면 됩니다.
予約時間の2時間前までにご連絡くだされば結構です。

◇ 사정이 생겨서 예약을 취소해야 하는데요.
事情ができて予約をキャンセルしなければならないのですが。

제 4 장 1 1-Track 34

1 인당 5 만 원입니다.

유미는 요금을 물어봅니다.

오늘 저녁 식사 두 분이시지요?

유미는 오늘 밤으로 예약을 합니다.

식사는 7 시부터고, 공연은 8 시부터 9 시까지입니다.

유미는 식사와 공연이 시작되는 시간을 물어봅니다.

인사동에서는 누구한테 물어보셔도 다 알 겁니다. 기다리겠습니다.

유미는 서라벌을 쉽게 찾을 수 있는지 묻습니다.

◇예약 인원수를 변경하고 싶은데요.
予約の人数を変更したいのですが。

◇예약 시간에 30 분쯤 늦을 것 같은데요.
予約時間に 30 分ほど遅れそうなんですが。

1

電話で夕食の予約

イラスト1 ユミは食事の予約をしようとお店に電話をかけます。
食堂の人　：こんにちは。ソラボルでございます。
ユミ　　　：もしもし、ソラボルですね？　予約をしたいんですが。

イラスト2 ユミは食事をしながら伝統公演を観たいと言います。
食堂の人　：ありがとうございます。ランチですか？　ご夕食ですか？
ユミ　　　：伝統公演を観ながら食事をしたいんですが。
食堂の人　：伝統公演は夕食時間に限られております。

イラスト3 ユミは今日の公演演目を尋ねます。
ユミ　　　：今日の公演演目は何ですか？
食堂の人　：本日は伽耶琴（カヤグム）演奏と舞踊サルプリでございます。

イラスト4 ユミは公演演目が明日も今日と同じものか尋ねます。
ユミ　　　：公演演目は明日も同じですか？
食堂の人　：いいえ、明日は玄琴（コムンゴ）演奏とパンソリでございます。

イラスト5 ユミは料金を尋ねます。
ユミ　　　：料金はおいくらですか？
食堂の人　：お一人様、50,000ウォンでございます。

イラスト6 ユミは今夜を予約します。
ユミ　　　：それでは今夜二人、予約をお願いします。山田ユミと申します。
食堂の人　：本日のご夕食、お二人様ですね？

イラスト7 ユミは食事と公演の開始時間を尋ねます。
ユミ　　　：食事と公演は何時から始まりますか？
食堂の人　：お食事は7時からで、公演は8時から9時まででございます。

イラスト8 ユミはソラボルがすぐ探せるかと尋ねます。
ユミ　　　：仁寺洞（インサドン）に行けばすぐ探せますか？
食堂の人　：仁寺洞でなら、どなたにお尋ねになってもわかります。
　　　　　　お待ちしております。

Information

タバンとコーピショップ

　1980年代までのソウルを知っている人なら、思い出されることでしょう。ソウルには日本語では喫茶店と訳すしかないタバン（茶房）と呼ばれる場所が、たくさん地下に存在しました。地上から階段を下りて店内に入ると、薄暗くて視野がきかないくらいでした。タバンには美人の顔マダム（雇われマダム。今でもカオマダムと発音されています）がいて、男性客が行けば話し相手になってくれました。客はお茶をおごるのは当然のことです。タバンのメニューはほとんどが飲み物で、コーヒー、ミルク、紅茶、人参茶、柚子茶、双和茶（サンファチャ）など。コーヒーはほとんどがインスタントコーヒーでした。当時、韓国で飲まれていたインスタントコーヒーは美製（ミジェ）のチョイスが多かったように記憶します。韓国語で米国産を美製（ミジェ）と言います。日本産は日製（イルチェ）です。ちなみに韓国語では米国を美国（ミグッ）と言います。粉末ミルクも美製の「カーネーション」。日本産の「ゴールドブレンド」も人気があり、日本からの土産品として大いに重宝がられていて、一時、持ち込む数に洋酒やたばこ同様、制限が加えられたほどでした。大瓶でも小瓶でも数での制限でしたので、当然大瓶を持って行ったものです。ソウルオリンピック後、ソウルの街は急ピッチで変貌していきました。私の目にもっとも印象的に映ったのはコーピショップ（コーヒーショップ）の登場でした。コーピショップはガラス張りの明るい空間として地上に出現し、コーヒーもインストントゥコーピ（インスタントコーヒー）からウォンドゥコーピ（豆コーヒー）に替わりました。地下から地上へと上がったコーピショップに顔マダムの姿はありません。最近では日本でも若者に人気のあるアメリカのコーヒーチェーン店が幅をきかせているようです。当然、店の外装も内装も売られているものも日本と変わるところはほとんどありません。客のファッションもヘアスタイルも化粧もしかり。タバンとコーピショップに象徴されるように街の姿は変貌していきます。世界の大都会に共通している様相に向かって変身して行きます。

ボキャブラリー

점심 / 런치	昼食	약주 / 술	お酒（「酒」の敬語形）/ 酒
저녁 식사	夕食	청주 / 정종	清酒
전통공연	伝統公演	진지 / 밥	お食事（「ごはん」の敬語形）/ ごはん
공연물	公演演目	반찬	おかず
연주	演奏	연락	連絡
무용	舞踊	사정이 생기다	事情ができる
살풀이	サルプリ（民俗舞踊の一つ）	찾다	探す
판소리	パンソリ（民俗芸能の一つ）	금방	すぐ
한정식	韓定食	늦다	遅れる
보리차 / 옥수수차	麦茶 / とうもろこし茶		

2 식당에서 食堂で

STEP 1 食堂でのシーンです。まずは CD を聴いてみましょう。

어서 오십시오. 몇 분이세요?

혼자입니다.

유미는 식당에 들어갑니다.

이쪽으로 앉으십시오. 뭘 드릴까요?

삼겹살 주세요.

손님, 삼겹살은 2인분이 기본인데요.

유미는 삼겹살을 시킵니다.

1인분 얼마예요?

7,000원입니다.

그럼, 2인분 주세요.

유미는 얼마인지 물어봅니다.

여기 맥주 한 병 주세요.

삼겹살에는 맥주보다 소주가 어울리는데요, 손님.

그래요? 그럼, 소주 한 병 주세요.

유미는 마실 것을 시킵니다.

重要表現を覚えましょう。 キーセンテンス

- 어서 오십시오. 몇 분이세요?
  いらっしゃいませ。何名様ですか？

- 이쪽으로 앉으십시오. 뭘 드릴까요?
  こちらにお座りください。何を差し上げましょうか？

- 삼겹살은 2인분이 기본인데요.
  サムギョプサルは二人前が基本なんですが。

◇ 그래요? 그럼, 소주 한 병 주세요.
そうですか？ それじゃ、焼酎1本ください。

◇ 아줌마, 이거 어떻게 먹는 거예요?
おばさん、これ、どうやって食べるんですか？

제 4 장 ② 1-Track 36

아줌마, 이거 어떻게 먹는 거예요?

삼겹살은 이렇게 야채에 싸서 먹으면 더 맛있어요. 몸에도 좋고요. 고기를 잘라 드릴게요.

유미는 삼겹살 먹는 법을 물어봅니다.

여기, 상추와 김치 더 주세요.

네, 잠깐만요. 금방 갖다 드릴게요.

유미는 상추와 김치를 더 달라고 합니다.

계산해 주세요.

삼겹살 2인분에다 소주 1병 드셨네요. 모두 17,000원입니다.

유미는 계산을 부탁합니다.

수고하세요.

감사합니다. 또 오십시오.

유미는 식당 종업원에게 인사하고 식당을 나옵니다.

- 삼겹살은 이렇게 야채에 싸서 먹으면 더 맛있어요.
  몸에도 좋고요. 고기를 잘라 드릴게요.
  サムギョプサルはこうして野菜に包んで食べるとよりおいしいですよ。
  体にもいいですしね。肉をお切りします。

◇ 여기, 상추와 김치 더 주세요.
  ここに、もう少しサンチュとキムチをください。

- 잠깐만요. 금방 갖다 드릴게요.
  ちょっとお待ちください。すぐお持ちします。

◇ 계산해 주세요.
  勘定をお願いします。

- 모두 17,000원입니다.
  全部で17,000ウォンです。

◇ 수고하세요.
  お疲れ様です。

2 식당에서

1-Track 37

STEP 2 今度はユミになって、食堂に入って注文してみましょう。

어서 오십시오. 몇 분이세요?

유미는 식당에 들어갑니다.

이쪽으로 앉으십시오. 뭘 드릴까요?

손님, 삼겹살은 2인분이 기본인데요.

유미는 삼겹살을 시킵니다.

7,000원입니다.

유미는 얼마인지 물어봅니다.

삼겹살에는 맥주보다 소주가 어울리는데요, 손님.

유미는 마실 것을 시킵니다.

食堂に入って注文する際に役立つ表現を覚えましょう。

応用表現
1-Track 38

◇메뉴판 좀 보여 주세요.
　メニューを見せてください。

◇이 집에서 제일 잘하는 음식이 뭡니까?
　このお店のお勧め料理はなんですか？

◇여기, 주문 받으세요.
　すみません、注文を取ってください。

◇물 좀 주세요.
　お水をください。

●고추장을 넣어서 잘 비비세요.
　コチュジャンを入れて、よくかき混ぜてください。

제 4 장 2 1-Track 37

삼겹살은 이렇게 야채에 싸서 먹으면 더 맛있어요. 몸에도 좋고요. 고기를 잘라 드릴게요.

유미는 삼겹살 먹는 법을 물어봅니다.

네, 잠깐만요. 금방 갖다 드릴게요.

유미는 상추와 김치를 더 달라고 합니다.

삼겹살 2 인분에다 소주 1 병 드셨네요. 모두 17,000 원입니다.

유미는 계산을 부탁합니다.

감사합니다. 또 오십시오.

유미는 식당 종업원에게 인사하고 식당을 나옵니다.

◇너무 맵게 하지 마세요.
　あまり辛くしないでください。

◇매운 걸 좋아합니다.
　辛いものが好きです。

●싱겁지 않으세요?
　味が薄くありませんか？

◇맵지 않지만 좀 짜요.
　辛くないけれど、ちょっと塩辛いです。

◇생각보다 달아요.
　思ったよりも甘いです。

●구워 먹어도 되고 날로 먹어도 돼요.
　焼いて食べても、生で食べてもいいです。

●냉면 사리 잘라 드릴까요?
　冷麺をお切りしましょうか？

◇네, 잘라 주세요.
　はい、切ってください。

2

食堂で

[イラスト1] ユミは食堂に入って行きます。
食堂の人 ：いらっしゃいませ。何名様ですか？
ユミ　　 ：一人です。

[イラスト2] ユミはサムギョプサルを注文します。
食堂の人 ：こちらにお座りください。何を差し上げましょうか？
ユミ　　 ：サムギョプサルをください。
食堂の人 ：お客様、サムギョプサルは二人前が基本なんですが。

[イラスト3] ユミはいくらか尋ねます。
ユミ　　 ：一人前いくらですか？
食堂の人 ：7,000ウォンです。
ユミ　　 ：それじゃ、二人前ください。

[イラスト4] ユミは飲み物を注文します。
ユミ　　 ：すみません、ビール1本ください。
食堂の人 ：サムギョプサルにはビールよりも焼酎が合いますよ、お客様。
ユミ　　 ：そうですか？　それじゃ、焼酎1本ください。

[イラスト5] ユミはサムギョプサルの食べ方を尋ねます。
ユミ　　 ：おばさん、これ、どうやって食べるんですか？
食堂の人 ：サムギョプサルはこうして野菜に包んで食べるとよりおいしいですよ。体にもいいですしね。肉をお切りします。

[イラスト6] ユミはサンチュとキムチを追加注文します。
ユミ　　 ：ここに、もう少しサンチュとキムチをください。
食堂の人 ：はい、ちょっとお待ちください。すぐお持ちします。

[イラスト7] ユミは勘定を頼みます。
ユミ　　 ：勘定をお願いします。
食堂の人 ：サムギョプサル二人前に焼酎1本召し上がりましたね。全部で17,000ウォンです。

[イラスト8] ユミは食堂の人に挨拶をして食堂から出て来ます。
ユミ　　 ：お疲れ様です。
食堂の人 ：ありがとうございました。また、お越しください。

Information

韓国の食堂風景

　韓国の食堂ではメインの料理に何種類かのおかずがついて出てきます。白菜のキムチや大根のキムチはもちろんのことですが、例えばプルゴギを注文した場合、サンチュやエゴマの葉や青唐辛子などがざるに盛られて出てきて、あっという間にテーブルの上はいっぱいになります。これらは何回追加を要求しても勘定に加算されることはありません。中華料理屋では最初にタクアン（韓国でもタクアンと言ったりします）や細かく切った玉ねぎと味噌が出てきます。これらも無料で追加ができます。無料で追加要求ができる点が日本と韓国との違いの一つです。違いはまだあります。

　韓国の食堂ではハサミがよく使われます。焼肉屋では店の人が客のテーブルで焼けていく肉に注意を払い、焼きあがるとハサミで頃合いの大きさに切ってくれます。日本で食べる焼肉は食べやすい大きさに切ったものが出てきますから、ハサミの出番はありません。また、ハサミは冷麺（ネンミョン）を食べるときにもなくてはならないものです。冷麺を注文すると大きなステンレスの器の真ん中に、大人の拳くらいの大きさに形よくおさまった糸こんにゃくのようなものが運ばれてきます。すると客は"잘라 주세요.(切ってください)"と言います。糸こんにゃくのような色、形をした麺にざくざくと大胆にハサミが入ると、器の中央に鎮座していた麺は器全体に崩れていきます。お店の人が冷麺を切らずに置いて行ってしまったら、大きな声で"저기요, 냉면 좀 잘라 주세요.(すみません、冷麺切ってください)と言ってみてください。この手順を踏まないと冷麺は食べられません。

식사와 차　食事とお茶

ボキャブラリー

몇 분	何名様	어울리다	調和する
혼자	一人、一人で	자르다	切る
삼겹살	三枚肉	굽다	焼く
맥주	ビール	맵다	辛い
고추장	コチュジャン	짜다	塩辛い
종업원	従業員	싱겁다	(味が) 薄い
몸	体	달다	甘い
메뉴판	メニュー	한식	韓国料理
곱배기	ダブルサイズ	일식	和食
비비다	混ぜ合わせる	양식	洋食
넣다	入れる	중국요리	中華料理
날로 먹다	生で食べる		

3 전통차 마시기　伝統茶を飲む　1-Track 39

STEP 1　伝統茶を飲むシーンです。まずはCDを聴いてみましょう。

여기 오면 전통 한옥에서 전통차를 마실 수 있다고 들었는데요.

어서 오십시오. 자, 어서 들어오십시오.

유미는 전통 한옥의 찻집으로 들어갑니다.

다 일본 손님 같은데요?

그렇습니다. 일본 잡지에 소개돼서 일본에서 찾아오시는 손님이 많습니다.

손님은 다 일본 사람인 것 같습니다.

전통차도 여러 가지 있습니다. 메뉴판 여기 있습니다.

특히 수정과가 맛있다고 들었어요.

여주인은 전통차 메뉴판을 보여 줍니다.

우리 집 수정과는 곶감이 들어 있는 전통적인 것입니다.

그럼, 수정과로 하겠습니다.

여주인은 수정과에 대해 설명합니다.

重要表現を覚えましょう。
キーセンテンス

◇전통차를 마실 수 있다고 들었는데요.
　伝統茶が飲めると聞いたんですが。

●어서 들어오십시오.
　どうぞお入りください。

◇특히 수정과가 맛있다고 들었어요.
　特に水正果がおいしいと聞きました。

◇그럼 수정과로 하겠습니다.
　それじゃ、水正果にします。

제4장 ③ 1-Track 39

차갑고 아주 맛있었습니다.
선물용이 있어요?

저쪽에 선물용이 있으니까
보시지요.

유미는 선물용 수정과가 있는지 물어봅니다.

이거 따로 따로 싸 주세요.

감사합니다. 일본어 설명서도 넣어
드리겠습니다.

유미는 선물로 몇 개 삽니다.

전통 한옥도 가구도 아주 아름답네요.

여기 찾아오신 손님들은 다
그렇게 말씀하십니다.

유미는 한옥과 가구들을 보고 감동합니다.

정말 찾아오기를 잘했어요.

천천히 구경하고 가십시오.

유미는 찾아온 것에 흡족해합니다.

●저쪽에 선물용이 있으니까 보시지요.
  あちらにお土産用がありますので、ご覧ください。

◇이거 따로 따로 싸 주세요.
  これを別々に包んでください。

●여기 찾아오신 손님들은 다 그렇게
  말씀하십니다.
  ここをお訪ねになったお客様は皆そうおっしゃいます。

◇정말 찾아오기를 잘했어요.
  伺って本当によかったです。

●천천히 구경하고 가십시오.
  どうぞ、ゆっくりご覧になってお帰りください。

식사와 차　食事とお茶

3 전통차 마시기

1-Track 40

STEP 2 今度はユミになって、伝統茶を飲んでみましょう。

어서 오십시오. 자, 어서 들어오십시오.

유미는 전통 한옥의 찻집으로 들어갑니다.

그렇습니다. 일본 잡지에 소개돼서 일본에서 찾아오시는 손님이 많습니다.

손님은 다 일본 사람인 것 같습니다.

전통차도 여러 가지 있습니다. 메뉴판 여기 있습니다.

여주인은 전통차 메뉴판을 보여 줍니다.

우리 집 수정과는 곶감이 들어 있는 전통적인 것입니다.

여주인은 수정과에 대해 설명합니다.

伝統茶を飲む際に役立つ表現を覚えましょう。

応用表現
1-Track 41

◇ 전통차에는 어떤 것들이 있습니까?
伝統茶にはどんなものがありますか？

● 여러 가지 있지만 여름에는 뭐니뭐니 해도 식혜와 수정과를 즐겨 먹습니다.
いろいろあるけれど、夏はなんと言ってもシッケ（米のジュース）と水正果を好んで食べます。

● 온돌방은 여름에는 시원하고 겨울에는 따뜻합니다.
オンドル部屋は夏涼しくて冬暖かいです。

● 아파트에 / 단독주택에 사세요?
マンションに / 一戸建てにお住まいですか？

제 4 장 ③ 1-Track 40

저쪽에 선물용이 있으니까 보시지요.	 감사합니다. 일본어 설명서도 넣어 드리겠습니다.
유미는 선물용 수정과가 있는지 물어봅니다.	유미는 선물로 몇 개 삽니다.
 여기 찾아오신 손님들은 다 그렇게 말씀하십니다.	천천히 구경하고 가십시오.
유미는 한옥과 가구들을 보고 감동합니다.	유미는 찾아온 것에 흡족해합니다.

◇아담한 한옥집에 살고 싶습니다.
　こじんまりした韓国家屋に住みたいです。

◇전통 한옥을 구경하고 싶습니다.
　韓国伝統家屋を見物したいです。

●북촌동에 가면 전통 한옥집을 만날 수 있습니다.
　北村洞 (プッチョンドン) に行けば韓国伝統家屋が見られます。

●전통 한옥은 지붕의 곡선이 아름답습니다.
　韓国伝統家屋は屋根の曲線が美しいです。

3

伝統茶を飲む

- イラスト1　ユミは韓国伝統家屋の茶屋に入って行きます。
  - ユミ　　：ここに来れば韓国伝統家屋で伝統茶が飲めると聞いたんですが。
  - 女主人　：いらっしゃいませ。さあ、どうぞお入りください。
- イラスト2　客はすべて日本人のようです。
  - ユミ　　：皆さん日本のお客様のようですが？
  - 女主人　：そうです。日本の雑誌に紹介されているので日本からのお客様が多いです。
- イラスト3　女主人は伝統茶のメニューを見せます。
  - 女主人　：伝統茶もいろいろございます。どうぞ、メニューです。
  - ユミ　　：特に水正果（スジョングァ）がおいしいと聞きました。
- イラスト4　女主人は水正果について説明します。
  - 女主人　：うちの水正果は干し柿が入った伝統的なものでございます。
  - ユミ　　：それじゃ、水正果にします。
- イラスト5　ユミは土産用の水正果はあるか尋ねてみます。
  - ユミ　　：冷たくてとてもおいしかったです。お土産用はありますか？
  - 女主人　：あちらにお土産用がありますので、ご覧ください。
- イラスト6　ユミは土産としていくつか買い求めます。
  - ユミ　　：これを別々に包んでください。
  - 女主人　：ありがとうございます。日本語の説明書もお入れしておきます。
- イラスト7　ユミは韓国伝統家屋と家具を見て感動します。
  - ユミ　　：韓国伝統家屋も家具も、とても美しいですね。
  - 女主人　：ここをお訪ねになったお客様は皆そうおっしゃいます。
- イラスト8　ユミは訪れたことに満足します。
  - ユミ　　：伺って本当によかったです。
  - 女主人　：どうぞ、ゆっくりご覧になってお帰りください。

Information

北村洞（プッチョンドン）

　景福宮（キョンボックン）の正面玄関である光化門（クァンファムン）の前方を除いた三方はなだらかな勾配になっていて、右手の建春門（コンチュンムン）の前の道を右上に進んでいくと北村洞に至ります。北村とは清渓川（チョンゲチョン）と鐘路（チョンノ）の上手の町という意味だそうです。朝鮮時代、王様からお呼びがかかると馳せ参じなければならない、時の権力層や官吏が多く住んだ地域で、景福宮と昌徳宮（チャンドックン）の間に位置します。北村洞には王朝時代を偲（しの）ばせる韓国伝統家屋韓屋（ハノク）が立ち並んでいます。残念ながら塀が高かったり、窓は小さいうえに飾りの桟が組んであったりして中の様子はなかなか見られません。細い路地が複雑に入り組んでいて家々のたたずまいに見とれて歩いていると袋小路の行き止まりに至るという場所もたくさんあります。急な坂道や石段を上り下りしていると、その昔、この道を重い水をチゲ（背負子）で運んだ北青ムルジャンス（水売り業者）の苦労が偲ばれるところでもあります。日本語のわかるボランティアが道の所々に立っていて質問に丁寧に答えてくれたり、親切に案内してくれたりもします。有料ではありますが、自宅の見物とお茶を提供している家もあります。韓国伝統刺繍教室、民画教室、北村生活史博物館などがあるおすすめスポットです。

ボキャブラリー

전통 한옥	韓国伝統家屋	구경	見物
전통차	伝統茶	지붕	屋根
잡지	雑誌	곡선	曲線
소개	紹介	들어오다	入って来る
수정과	水正果（干し柿を使った飲み物）	찾아오다	訪ねて来る
식혜	シッケ（米のジュース）	같이 싸다	一緒に包む
곶감	干し柿	따로 따로 싸다	別々に包む
선물용	土産用	아름답다	美しい
마루	板の間	시원하다	涼しい
안방	居間	뭐니뭐니 해도	なんと言っても
마당	庭	아파트	マンション
문 / 대문	戸 / 門	아담하다	こじんまりとして上品だ
설명서	説明書	봄 / 여름 / 가을 / 겨울	春 / 夏 / 秋 / 冬

イラスト単語　　**우리 동네** 〈私たちの町〉

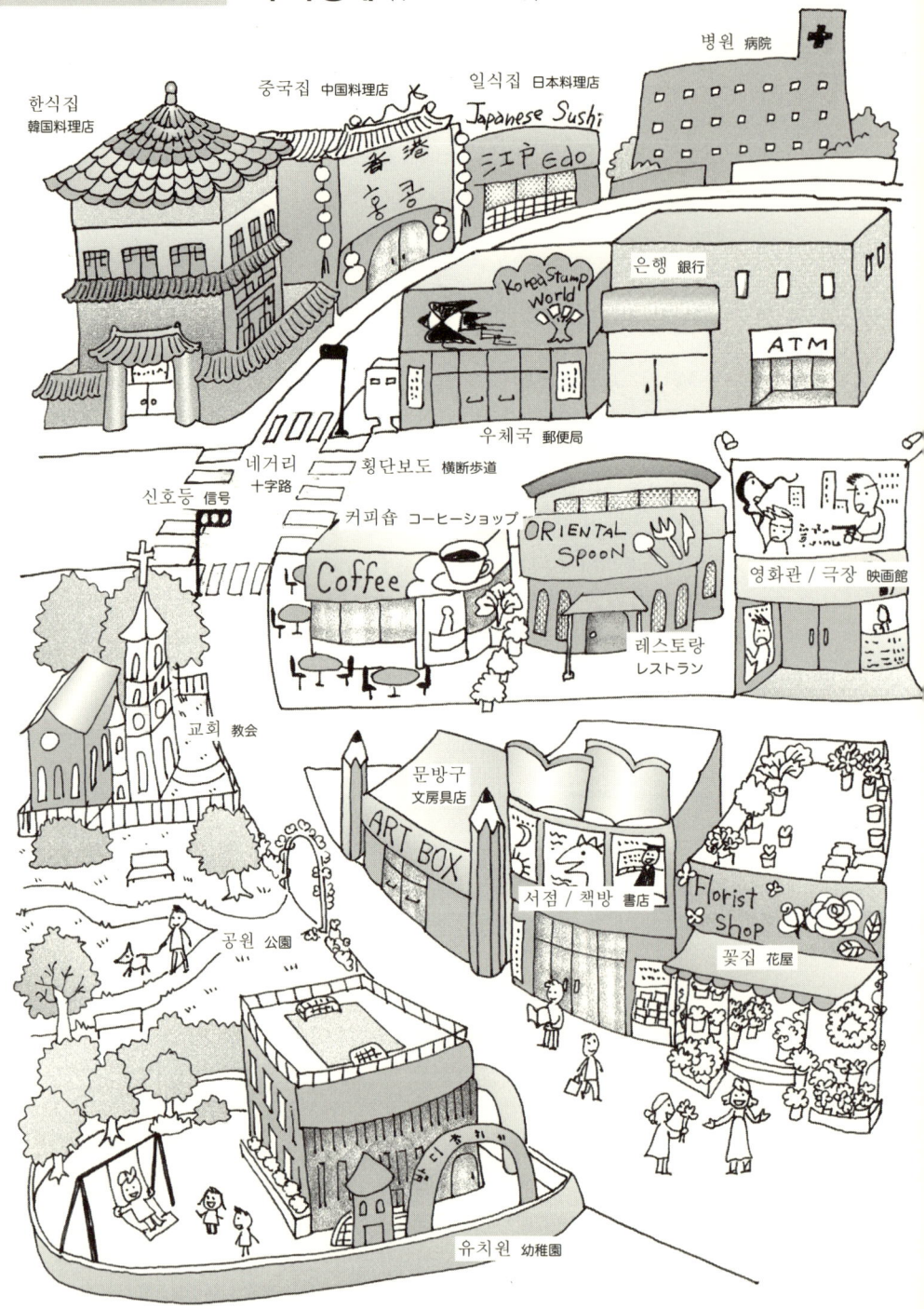

- 한식집　韓国料理店
- 중국집　中国料理店
- 일식집　日本料理店
- 병원　病院
- 은행　銀行
- 우체국　郵便局
- 네거리　十字路
- 횡단보도　横断歩道
- 신호등　信号
- 커피숍　コーヒーショップ
- 레스토랑　レストラン
- 영화관 / 극장　映画館
- 교회　教会
- 문방구　文房具店
- 서점 / 책방　書店
- 꽃집　花屋
- 공원　公園
- 유치원　幼稚園

약국 薬局
동사무소 町役場
노인정 老人会館

세탁소 クリーニング店
이발소 理髪店
미장원 / 미용실 美容院
파출소 派出所

포장마차 屋台
편의점 コンビニ
슈퍼마켓 スーパーマーケット

정육점 精肉店
채소 가게 八百屋
과일가게 果物屋
빵집 パン屋

식사와 차 食事とお茶

発音に関するアドバイス（4）

　ネイティブスピーカーの音声を何度も聴いて発音とイントネーションを把握しましょう。誰にでも好きな声とか話し方がありますから、自分の好みに合った声とか話し方を選んでお手本にするのもいいでしょう。また、逆の方法もあります。日本語学習歴の短い韓国人が話す日本語を聴いて、韓国語と日本語のイントネーションの違い、苦手な発音などを見つけ出すことです。

　韓国語を母語とする人の日本語の発音がなぜそうなるのか、を考えると韓国語の発音が何歩も前進します。

　韓国語にない音には「つ・ざ・ず・ぜ・ぞ」があり、語中のハ行音が弱化することがあります。またハングル表記しない長音があります。したがって日本語学習歴の短い韓国語母語話者の日本発音は次のようになりやすいです。

つかれた	→	ちゅかれた
おはようございます	→	おわよござゃいます
ずいぶん	→	じゅいぶん
ぜったい	→	ぜぇたい
そうぞう	→	そじょう
にほん	→	におん
とうきょう	→	ときょ

　日本語母語話者が韓国語の発音において母語干渉を受けやすいのは、韓国語の音節数と日本語の拍数の関係です。ハングルはどんな複雑な形をしていても一文字が一音節になります。左は正しい韓国語の音節数で右は日本語母語話者の陥りやすい拍数です。

나는（2音節）	→	나느ㅇ（3拍）
습니다（3音節）	→	스므니다（4拍）
한국말（3音節）	→	한구크마르（5拍）/ 한구마르（4拍）

　外国人の話す日本語を聞くと、その人の母語によって日本語の発音やイントネーションに共通した特徴があることに気づきます。これは母語干渉によるものですが、固有名詞を発音する場合に顕著に現れるようです。韓国語母語話者の話す日本語を聞いて韓国語の発音練習に大いに役立ててください。

제 5 장 (第5章)

1-Track 42-53

쇼핑　　　　　　　　　　　　　　　　買い物

---

① 화장품 가게에서　　コスメショップで

② 옷가게에서　　　　衣料品店で

③ 백화점 식품매장에서　デパートの食品売り場で

④ 서점에서　　　　　書店で

1 화장품 가게에서 コスメショップで　1-Track 42

STEP 1　コスメショップでのシーンです。まず CD を聴いてみましょう。

어서 오세요.
어떤 화장품을 찾으세요?

비비크림을 사려고 하는데요.

유미는 비비크림을 사려고 합니다.

이 비비크림이 일본 사람들한테 인기가 많아요.

제가 사려는 비비크림이네요.

점원은 유미에게 비비크림을 보여 줍니다.

선크림 다음에 바르면 되나요?

로션, 선크림, 파운데이션 기능이 하나로 되어 있으니까 스킨 다음에 바르시면 돼요.

유미는 바르는 순서를 물어봅니다.

다른 건 필요하지 않으세요?

마사지팩 있어요?

점원은 다른 게 더 필요한지 물어봅니다.

重要表現を覚えましょう。
キーセンテンス

● 어떤 화장품을 찾으세요?
　どんな化粧品をお探しですか？

◇ 비비크림을 사려고 하는데요.
　BB クリームを買おうと思っているんですが。

● 이 비비크림이 일본 사람들한테 인기가 많아요.
　この BB クリームが日本の方に人気がありますよ。

◇ 선크림 다음에 바르면 되나요?
　日焼け止めクリームの後に塗ればいいですか？

● 로션, 선크림, 파운데이션 기능이 하나로 되어 있으니까 스킨 다음에 바르시면 돼요.
　美容液、日焼け止め、ファンデーションの機能が1つになっているので、化粧水の後に塗ればいいです。

제 5 장 ① 1-Track 42

어떤 종류의 팩을 찾으세요?

미백 효과가 있는 걸로 주세요.

점원은 어떤 종류의 팩을 찾는지 물어봅니다.

오이팩하고 진주팩이 미백 효과가 있어요.

어느 게 더 좋아요?

요즘 진주팩이 잘 팔려요.

유미는 어떤 팩이 좋은지 물어봅니다.

비비크림 3개하고 진주팩 10장 주세요.

지불은 뭘로 하시겠습니까?

현금으로 하겠습니다.

점원은 뭘로 지불하는지 물어봅니다.

5만원이상 구입하셔서 선물로 인기 아이돌 사진을 드립니다. 그리고 이건 로션 샘플입니다.

어머, 내가 좋아하는 배우예요. 고맙습니다.

유미는 계산대에서 계산을 합니다.

- ●다른 건 필요하지 않으세요?
  他に必要なものはございませんか?

- ●어떤 종류의 팩을 찾으세요?
  どんな種類のシートパックをお探しですか?

- ◇미백 효과가 있는 걸로 주세요.
  美白効果があるものをください。

- ◇어느 게 더 좋아요?
  どちらがいいですか?

- ●요즘 진주팩이 잘 팔려요.
  最近、真珠シートパックがよく売れています。

- ●지불은 뭘로 하시겠습니까?
  お支払い方法はどうなさいますか?

- ◇현금으로 하겠습니다.
  現金で払います。

- ●그리고 이건 로션 샘플입니다.
  それとローションのサンプルです。

1 화장품 가게에서

1-Track 43

STEP 2　今度はユミになって、コスメショップで化粧品を買ってみましょう。

어서 오세요.
어떤 화장품을 찾으세요?

THE FACE STORE

유미는 비비크림을 사려고 합니다.

이 비비크림이 일본 사람들한테 인기가 많아요.

점원은 유미에게 비비크림을 보여 줍니다.

로션, 선크림, 파운데이션 기능이 하나로 되어 있으니까 스킨 다음에 바르시면 돼요.

유미는 바르는 순서를 물어봅니다.

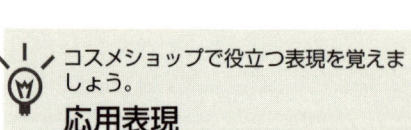

다른 건 필요하지 않으세요?

점원은 다른 게 더 필요한지 물어봅니다.

コスメショップで役立つ表現を覚えましょう。

応用表現
1-Track 44

● 뭘 찾으세요?
　何をお探しですか？

◇ 아이크림을 찾는데요.
　アイクリームを探しているんですが。

◇ 바르는 순서가 어떻게 돼요?
　どういう順で塗ればいいですか？

● 샘플입니다.
　サンプルです。

◇ 발라 봐도 돼요?
　塗ってみてもいいですか？

● 피부가 정말 고우시네요.
　肌がとてもおきれいですね。

제 5 장 1

어떤 종류의 팩을 찾으세요?

점원은 어떤 종류의 팩을 찾는지 물어봅니다.

오이팩하고 진주팩이 미백 효과가 있어요.

요즘 진주팩이 잘 팔려요.

유미는 어떤 팩이 좋은지 물어봅니다.

지불은 뭘로 하시겠습니까?

점원은 뭘로 지불하는지 물어봅니다.

5만원이상 구입하셔서 선물로 인기 아이돌 사진을 드립니다. 그리고 이건 로션 샘플입니다.

유미는 계산대에서 계산을 합니다.

◇요즘 무슨 화장품이 많이 팔려요?
最近どんな化粧品がよく売れていますか？

●피부타입이 어떻게 되세요?
お肌はどのタイプですか？

◇지성 / 건성 피부예요.
脂性 / 乾燥肌です。

◇얼굴에 뭐가 잘 나요.
顔に吹き出物がよく出ます。

◇요즘 유행하는 립스틱은 무슨 색이에요?
最近、流行っている口紅の色はどんな色ですか？

◇샘플 더 주세요.
サンプルをもっとください。

1

コスメショップで

[イラスト1] **ユミは BB クリームを買おうとしています。**
 店員 ：いらっしゃいませ。
    どんな化粧品をお探しですか？
 ユミ ：BB クリームを買おうと思っているんですが。

[イラスト2] **店員はユミに BB クリームを見せてくれます。**
 店員 ：この BB クリームが日本の方に人気がありますよ。
 ユミ ：私が買おうと思っていた BB クリームですね。

[イラスト3] **ユミは化粧をする順番を尋ねます。**
 ユミ ：日焼け止めクリームのあとに塗ればいいですか？
 店員 ：美容液、日焼け止め、ファンデーションの機能が１つになっているので、化粧水のあとに塗ればいいです。

[イラスト4] **店員はほかに必要なものはないかと尋ねます。**
 店員 ：ほかに必要なものはございませんか？
 ユミ ：シートパックはありますか？

[イラスト5] **店員はどんな種類のシートパックを探しているのか尋ねます。**
 店員 ：どんな種類のシートパックをお探しですか？
 ユミ ：美白効果があるシートものをください。

[イラスト6] **ユミはどんなシートパックがいいのか尋ねます。**
 店員 ：キュウリシートパックと真珠シートパックが美白効果があります。
 ユミ ：どちらがいいですか？
 店員 ：最近、真珠シートパックがよく売れています。

[イラスト7] **店員は支払い方法を尋ねます。**
 ユミ ：BB クリーム 3 個と真珠シートパック 10 枚ください。
 店員 ：お支払い方法はどうなさいますか？
 ユミ ：現金で払います。

[イラスト8] **ユミはレジで勘定をします。**
 店員 ：50,000 ウォン以上購入なさった方にはプレゼントとして人気アイドルの写真を差し上げます。それとローションのサンプルです。
 ユミ ：あら、わたしの好きな俳優さんです。ありがとうございます。

Information

活気がある市場へ行ってみましょう

　韓国の庶民たちの生活を覗きたいと思うなら、イキイキして、活気がある市場に行っても面白いと思います。観光客によく知られている南大門市場、東大門市場は韓国の代表的な大きな市場です。昔ながらの市場の雰囲気は少しずつ消えつつありますが、値段を安くしてくれたり、おまけをくれたり、韓国人の温かい人情に触れたりすることができます。昼間は小売、夜から朝5時までは卸売の営業をしています。

　ほかにもソウルには、新鮮な魚がその場で食べられる鷺梁津水産市場（ノリャンジンスサンシジャン）、食材や生活雑貨、屋台が並ぶ広場市場（クァンジャンシジャン）、韓方薬の店や韓医院がたくさん並んでいる京東市場（キョンドンシジャン）があります。パワフルな韓国庶民の生活が感じられる場所です。

ボキャブラリー

화장 (하다)	化粧（する）	향수	香水
화장품 (바르다)	化粧品（をつける）	피부타입	肌質
마사지크림	マッサージクリーム	건성 피부	乾燥肌
로션	ローション、美容液	지성 피부	脂性肌
마사지팩	シートパック	민감성 피부	敏感肌
립스틱	口紅	복합성 피부	混合肌
선크림	日焼け止め	샘플	サンプル
파운데이션	ファンデーション	거울	鏡
샴푸	シャンプー	솜	コットン
린스	リンス	물티슈	ウエットティッシュ
메니큐어	マニキュア		

2 옷가게에서 衣料品店で

1-Track 45

STEP 1 衣料品店でのシーンです。まず CD を聴いてみましょう。

어서 오세요. 뭐 찾으시는 거 있으세요?

스웨터를 찾고 있는데요.

유미는 스웨터를 사려고 합니다.

사이즈가 어떻게 되십니까?

한국 사이즈는 잘 모르겠는데요.

제 생각에는 66 사이즈 같은데요.

점원이 사이즈를 물어봅니다.

이 하얀 스웨터 어떠세요?

디자인이 별로 마음에 들지 않아요.

점원은 유미에게 하얀 스웨터를 보입니다.

그럼, 이 디자인은 어떠세요?

이거 좋은데요.

점원은 다른 스웨터를 권합니다.

重要表現を覚えましょう。
キーセンテンス

● 사이즈가 어떻게 되십니까?
　サイズはおいくつですか?

◇ 한국 사이즈는 잘 모르겠는데요.
　韓国のサイズはよくわかりません。

● 이 하얀 스웨터 어떠세요?
　この白いセーターはいかがですか?

◇ 디자인이 별로 마음에 들지 않아요.
　デザインがあまり好きではありません。

● 그럼, 이 디자인은 어떠세요?
　では、このデザインはいかがですか?

◇ 입어 봐도 돼요?
　試着してもいいですか?

제 5 장 2 1-Track 45

입어 봐도 돼요?

물론이지요. 탈의실 저쪽에 있습니다.

유미는 입어 봐도 되냐고 물어봅니다.

사이즈가 어떠세요?

너무 커요.

사이즈가 너무 큽니다.

이거보다 작은 사이즈 있어요?

잠깐만 기다리십시오. 확인하고 오겠습니다.

유미에게는 작은 사이즈가 필요합니다.

이 사이즈는 맞을 것 같은데요. 한번 입어 보십시오.

딱 맞아요. 이걸로 하겠습니다.

정말 잘 어울리십니다.

유미는 작은 사이즈를 입어 봅니다.

- ●물론이지요. 탈의실은 저쪽에 있습니다.
  もちろんです。試着室はあちらにございます。
- ●사이즈가 어떠세요?
  サイズはいかがですか?
- ◇이거보다 작은 사이즈 있어요?
  これより小さいサイズはありますか?
- ●이 사이즈는 맞을 것 같은데요. 한번 입어 보십시오.
  このサイズなら合いそうです。試着をどうぞ。
- ◇딱 맞아요. 이걸로 하겠습니다.
  ぴったりです。これにします。
- ●정말 잘 어울리십니다.
  とてもよくお似合いです。

2. 옷가게에서

1-Track 46

STEP 2 今度はユミになって、衣料品店での会話をしてみましょう。

어서 오세요. 뭐 찾으시는 거 있으세요?

유미는 스웨터를 사려고 합니다.

사이즈가 어떻게 되십니까?

제 생각에는 66 사이즈 같은데요.

점원이 사이즈를 물어봅니다.

이 하얀 스웨터 어떠세요?

점원은 유미에게 하얀 스웨터를 보입니다.

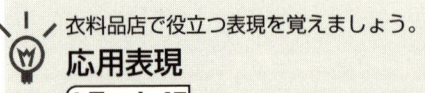

그럼, 이 디자인은 어떠세요?

점원은 다른 스웨터를 권합니다.

衣料品店で役立つ表現を覚えましょう。
応用表現
1-Track 47

◇원피스를 찾고 있는데요.
ワンピースを探しているんですが。

●사이즈가 몇이세요?
サイズはいくつですか？

●들어오셔서 보세요.
お入りになってご覧ください。

◇그냥 보는 거예요.
ただ見ているだけです。

●한번 입어 보세요.
一度試着してください。

제 5 장 ② 1-Track 46

사이즈가 어떠세요?

물론이지요. 탈의실 저쪽에 있습니다.

유미는 입어 봐도 되냐고 물어봅니다.

사이즈가 너무 큽니다.

이 사이즈는 맞을 것 같은데요.
한번 입어 보십시오.

잠깐만 기다리십시오.
확인하고 오겠습니다.

정말 잘 어울리십니다.

유미에게는 작은 사이즈가 필요합니다.

유미는 작은 사이즈를 입어 봅니다.

◇ 저기 쇼윈도우에 걸려 있는 스커트 좀 보여 주시겠습니까?
あそこのショーウインドーにあるスカートをちょっと見せていただけますか？

◇ 소재가 뭐예요?
素材は何ですか？

◇ 손세탁 가능해요?
手洗いができますか？

◇ 너무 작아요 / 커요 / 짧아요 / 길어요.
小さすぎます / 大きいです / 短いです / 長いです。

◇ 다른 색은 없어요?
ほかの色はありませんか？

● 만지지 말고 보세요.
触らないで見るだけにしてください。

2

衣料品店で

[イラスト1] **ユミはセーターを買おうとします。**
　　　店員　　：いらっしゃいませ。何かお探しでございますか？
　　　ユミ　　：セーターを探しているんですが。

[イラスト2] **店員がサイズを尋ねます。**
　　　店員　　：サイズはおいくつですか？
　　　ユミ　　：韓国のサイズはよくわかりません。
　　　店員　　：66サイズだと思いますが。

[イラスト3] **店員はユミに白いセーターを見せます。**
　　　店員　　：この白いセーターはいかがですか？
　　　ユミ　　：デザインがあまり好きではありません。

[イラスト4] **店員はほかのセーターを勧めます。**
　　　店員　　：では、このデザインはいかがですか？
　　　ユミ　　：これ、すてきですね。

[イラスト5] **ユミは試着してもいいか尋ねます。**
　　　ユミ　　：試着してもいいですか？
　　　店員　　：もちろんです。試着室はあちらにございます。

[イラスト6] **サイズが大きすぎます。**
　　　店員　　：サイズはいかがですか？
　　　ユミ　　：大きすぎます。

[イラスト7] **ユミには小さいサイズが必要です。**
　　　ユミ　　：これより小さいサイズはありますか？
　　　店員　　：少々お待ちください。見てまいります。

[イラスト8] **ユミは小さいサイズを試着します。**
　　　店員　　：このサイズなら合いそうです。試着をどうぞ。
　　　ユミ　　：ぴったりです。これにします。
　　　店員　　：とてもよくお似合いです。

Information

韓国の庶民の食べ物

韓国の食生活の中で庶民の生活に定着しているものに屋台があります。屋台にはノジョム（露店、노점）とポジャンマチャ（幌馬車、포장마차）があります。ノジョムではキムパプ（ノリ巻き、김밥）、トクポッキ（떡볶이、細くて短いヒントク（白餅）と野菜にコチュジャンを入れて作ったもの）、トーストなどの軽食や、小麦粉の生地にハチミツやシナモンなどを包み込み丸く焼いたホットク（호떡）、日本のタイ焼きに似たプンオパン（フナ焼き、붕어빵）などのおやつ類を売っていて、立ち食いが主となります。

一方ポジャンマチャはリヤカーを改造した可動式の飲み屋で、メニューは酒肴になるモツや魚介の炒め物、スンデ（韓国風腸詰、순대）、麺類などがあります。

その他の庶民の食べ物としてプンシク（粉食）があり、その代表的なものにラミョン（ラーメン）がありますが、日本のようなラーメン専門店は一般的ではなく、インスタントラーメンが主流で安価で売っています。

日本のノリ巻きとよく似ているキムパプは卵焼き、ホウレン草、キュウリ、タクアン、ハム、時には炒めたいろいろな具が入っています。ご飯はゴマ油、塩で味付けをして、酢を使わないことが日本のノリ巻きと異なるところです。

中華料理の中で韓国人がいちばん好む料理はチャジャンミョン（炸醤麺、자장면）です。チャジャンミョンは中国にルーツを持ちつつ、韓国風にアレンジされた料理です。

ボキャブラリー

유행	流行	넉넉하다	ゆったりしている	단색	無地
멋있다	かっこいい	꼭 끼다	きつい	꽃무늬	花模様
멋쟁이	おしゃれ	바지	ズボン	긴소매	長袖
마네킹	マネキン	코트	コート	반소매	半袖
사이즈	サイズ	스커트	スカート	물방울	水玉
스웨터	セーター	티셔츠	Tシャツ	체크	チェック
디자인	デザイン	쟈켓	ジャケット	민소매	袖なし
시착실 / 탈의실 / 피팅룸		가디건	カーディガン	양말	靴下
	試着室	정장	正装	손수건	ハンカチ
어울리다	似合う	치마	スカート	모자	帽子
입어보다	試着してみる	원피스	ワンピース	머플러	マフラー
딱 맞다	ぴったりだ	핸드백	ハンドバック	넥타이	ネクタイ
작다	小さい	숙녀복	ヤング服	구두	靴
크다	大きい	신사복	男性服	가방	カバン
짧다	短い	부인복	婦人服		
길다	長い	아동복	子供服		

3 백화점 식품매장에서
デパートの食品売り場で　1-Track 48

STEP 1　デパートの食品売り場でのシーンです。まず CD を聴いてみましょう。

저기요, 직접 구워서 파는 김은 어디 있습니까?

오른쪽 김치매장 앞에 있습니다.

유미는 김매장을 찾고 있습니다.

선물로 친구들한테 주게 20 봉지 주세요.

여기 있습니다. 계산대에서 계산하십시오.

유미는 김을 삽니다.

뭘 드릴까요?

배추김치 주세요.

유미는 김치를 사려고 합니다.

이거 국물이 새지 않게 포장해 줍니까?

네, 진공으로 잘 포장해 드립니다.

유미는 국물이 새지 않게 포장이 되는지 물어봅니다.

重要表現を覚えましょう。
キーセンテンス

◇저기요, 직접 구워서 파는 김은 어디 있습니까?
すみません。その場で焼いて売っている海苔はどこにありますか？

●오른쪽 김치매장 앞에 있습니다.
右のキムチ売り場の前にあります。

●계산대에서 계산하십시오.
お支払いはカウンターでお願いします。

◇이거 국물이 새지 않게 포장해 줍니까?
これ、汁が漏れないように包装していただけますか？

●진공으로 잘 포장해 드립니다.
真空パックでうまく包装いたします。

얼마나 드릴까요?

1 킬로 주세요. 그리고 깻잎도 300 그램 주세요.

유미는 김치를 삽니다.

간장게장 맛 좀 보실래요?

맛 봐도 돼요?

그럼요.

점원은 유미에게 간장게장을 권합니다.

짜지 않고 맛있네요.

일본 분들이 많이 사 가세요.

유미는 간장게장 맛을 봅니다.

47,000 원입니다. 비닐봉지 필요하십니까?

네, 1 장 주세요.

1 장에 50 원입니다.

계산대직원은 비닐봉지가 필요한지 물어봅니다.

●얼마나 드릴까요?
　どのくらい差し上げましょうか？

◇1 킬로 주세요. 그리고 깻잎도300 그램 주세요.
　1 キロください。それからエゴマの漬物も 300 グラムください。

●간장게장 맛 좀 보실래요?
　蟹の醤油漬けの味見をなさいますか？

◇맛 봐도 돼요?
　味見してもいいですか？

◇짜지 않고 맛있네요.
　塩辛くないし、おいしいですね。

3 백화점 식품매장에서

1-Track 49

STEP 2 今度はユミになって、デパートの食品売り場での会話をしてみましょう。

오른쪽 김치매장 앞에 있습니다.

유미는 김매장을 찾고 있습니다.

여기 있습니다. 계산대에서 계산하십시오.

유미는 김을 삽니다.

뭘 드릴까요?

유미는 김치를 사려고 합니다.

네, 진공으로 잘 포장해 드립니다.

유미는 국물이 새지 않게 포장이 되는지 물어봅니다.

食品売り場で役立つ表現を覚えましょう。

応用表現
1-Track 50

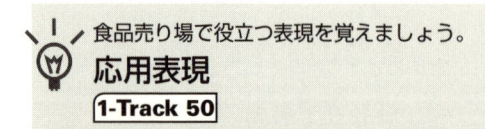

● 고기만두 시식하고 가세요.
肉餃子を試食していってください。

◇ 김치만두 한 봉지 주세요.
キムチ餃子を1袋ください。

● 맛 좀 보세요.
味見をどうぞ。

● 얼마큼 드릴까요?
どのくらいご入用ですか？

◇ 이 야채는 어떻게 요리해서 먹어요?
この野菜はどんなふうに料理して食べますか？

◇ 라면은 어디에 있어요?
ラーメンはどこにありますか？

얼마나 드릴까요?

유미는 김치를 삽니다.

간장게장 맛 좀 보실래요?

그럼요.

점원은 유미에게 간장게장을 권합니다.

일본 분들이 많이 사 가세요.

유미는 간장게장 맛을 봅니다.

47,000 원입니다. 비닐봉지 필요하십니까?

1 장에 50 원입니다.

계산대직원은 비닐봉지가 필요한지 물어봅니다.

◇한국 전통떡은 어디서 팔아요?
韓国の伝統的な餅はどこで売っていますか？

◇만드는 방법을 가르쳐 주세요.
作り方を教えてください。

◇많이 주세요.
たくさんください。

◇싸게 주세요. / 깎아 주세요.
安くしてください。

3

デパートの食品売り場で

イラスト1 ユミは海苔の売り場を探しています。
ユミ ：すみません。その場で焼いて売っている海苔はどこにありますか？
店員1 ：右のキムチ売り場の前にあります。

イラスト2 ユミは海苔を買います。
ユミ ：お土産として友達にあげるので20個ください。
店員1 ：はい、お支払いはカウンターでお願いします。

イラスト3 ユミはキムチを買おうとします。
店員2 ：何を差し上げましょうか？
ユミ ：白菜キムチをください。

イラスト4 ユミは汁が漏れないように包装できるか尋ねます。
ユミ ：これ、汁が漏れないように包装していただけますか？
店員2 ：はい、真空パックでうまく包装いたします。

イラスト5 ユミはキムチを買います。
店員2 ：どのくらい差し上げましょうか？
ユミ ：1キロください。それからエゴマの漬物も300グラムください。

イラスト6 店員はユミに蟹の醤油漬け（カンジャンケジャン）を勧めます。
店員2 ：蟹の醤油漬けの味見をなさいますか？
ユミ ：味見してもいいですか？
店員2 ：もちろんです。

イラスト7 ユミは蟹の醤油漬けの味見をします。
ユミ ：塩辛くないし、おいしいですね。
店員2 ：日本の方がたくさんお買い求めになります。

イラスト8 レジ係の人はレジ袋が必要か尋ねます。
レジ係 ：47,000ウォンです。レジ袋は必要ですか？
ユミ ：はい、1枚ください。
レジ係 ：1枚50ウォンです。

Information

キムジャン（김장）と手の味（손맛）

キムチは韓国を代表する食べ物で、韓国人にはキムチがない食事は考えられません。キムチは材料、切り方、濃い味か、薄い味か、地域によって特色があり、数え切れないほど多くの種類のキムチがあります。

毎年、年中行事のごとく11月末から12月初旬にかけて一度にたくさんのキムチ（白菜が主となる）を漬けますが、これをキムジャン（김장、越冬用のキムチの漬け込み）といいます。かめを地面に埋めて貯蔵して、3月の初め頃まで食べ続けます。都心の家庭ではかめを埋めることができないので、普通の冷蔵庫の他に、キムチ専用の冷蔵庫があるのが一般的です。キムジャンのシーズンになると企業によってはキムジャンボーナスを支給します。

キムチ、コチュジャン、醤油、味噌などは昔から伝わったその家の味があります。母から娘へ、姑から嫁へと受け継がれるその家の味です。

韓国ではキムチばかりではなく料理をするとき、素材に薬味をからめたり、もみ込むときは箸ではなく、必ず手を使います。これは味の決め手は薬味の配合と手の加減がおいしい味を作り出すと考えられているからです。料理が上手なことをソンマシイッタ（손맛이 있다、手に味がある）と表現します。

ボキャブラリー

백화점	デパート	과일	果物
슈퍼마켓	スーパーマーケット	과자	お菓子
편의점	コンビニ	라면	ラーメン
시장	市場	고추장	コチュジャン（唐辛子味噌）
상가	商店街	된장	味噌
상점	商店	간장	醤油
가게	店	김	海苔
체인점	チェーン店	수박	スイカ
영업시간	営業時間	복숭아	モモ
연중무휴	年中無休	포도	ブドウ
정기휴일	定休日	배추	白菜
개점 / 폐점 시간	開店 / 閉店時間	무	大根
정가	定価	오이	きゅうり
할인	割引	두부	豆腐
매장	売り場	그램	グラム
야채	野菜	킬로	キロ
식료품	食料品	계산대	レジ
고기 / 육류	肉	현금영수증	現金領収証
생선	魚	시식코너	試食コーナー
음료	飲み物	진공 포장 / 팩	真空包装 / パック

4 서점에서 書店で

1-Track 51

STEP 1 書店でのシーンです。まず CD を聴いてみましょう。

- 한국어 교재 코너는 어디에 있습니까?
- 손님, 제가 안내해 드리겠습니다. 이쪽으로 오십시오.

안내 데스크에서 한국어 교재 코너를 물어봅니다.

- 여기가 한국어 교재 코너입니다.
- 고맙습니다.

점원이 한국어 교재 코너에 안내합니다.

- 일본어로 된 한국 요리책을 찾고 있는데요.
- 잠깐 기다리십시오. 검색해 보겠습니다.

유미는 한국음식에 관한 책을 찾고 있습니다.

- 일본어로 된 책이 몇 권 있는데 제가 찾아다 드리겠습니다.
- 부탁합니다.

점원이 검색해 줍니다.

重要表現を覚えましょう。
キーセンテンス

◇ 한국어 교재 코너는 어디에 있습니까?
  韓国語の教材コーナーはどこにありますか？

● 손님, 제가 안내해 드리겠습니다. 이쪽으로 오십시오.
  お客さま、私がご案内いたします。こちらへどうぞ。

◇ 일본어로 된 한국 요리책을 찾고 있는데요.
  日本語で書かれた韓国料理の本を探しているんですが。

● 잠깐 기다리십시오. 검색해 보겠습니다.
  少々お待ちください。検索してみます。

● 일본어로 된 책이 몇 권 있는데 제가 찾아다 드리겠습니다.
  日本語で書かれた本が何冊かありますが、私が探してお持ちします。

제 5 장 ④

어린이들이 보는 한국 역사책 어떤 게 있습니까?

이 책이 알기 쉽게 만화로 돼서 초등학생이 많이 보는 책입니다.

유미는 어린이들이 보는 한국 역사책을 물어봅니다.

CD 코너는 어디예요?

잡지 코너 옆에 있습니다.

유미는 CD 코너를 물어봅니다.

요즘 인기 아이돌 CD는 어디에 있어요?

이쪽에 있습니다.

유미는 인기 아이돌 CD를 물어봅니다.

일본에서 K-POP 인기가 정말 많아요?

네, 인기 최고예요.

점원이 일본에서의 K-POP 인기를 물어봅니다.

◇어린이들이 보는 한국 역사책 어떤 게 있습니까?
　子供たちが読む韓国の歴史本はどんなものがありますか?

●이 책이 알기 쉽게 만화로 돼서 초등학생이 많이 보는 책입니다.
　この本がわかりやすく漫画仕立てなので、小学生がたくさん読む本です。

◇CD 코너는 어디예요?
　CDコーナーはどこですか?

●잡지 코너 옆에 있습니다.
　雑誌コーナーの隣にあります。

◇요즘 인기 아이돌 CD는 어디에 있어요?
　最近の人気アイドルのCDはどこにありますか?

●일본에서 K-POP 인기가 정말 많아요?
　日本でK-POPは本当に人気がありますか?

4 서점에서

1-Track 52

STEP 2 今度はユミになって、書店での会話をしてみましょう。

여기가 한국어 교재 코너입니다.

손님, 제가 안내해 드리겠습니다. 이쪽으로 오십시오.

안내 데스크에서 한국어 교재 코너를 물어봅니다.

점원이 한국어 교재 코너에 안내합니다.

일본어로 된 책이 몇 권 있는데 제가 찾아다 드리겠습니다.

잠깐 기다리십시오. 검색해 보겠습니다.

유미는 한국음식에 관한 책을 찾고 있습니다.

점원이 검색해 줍니다.

書店で役立つ表現を覚えましょう。
応用表現
1-Track 53

- 문구 코너 앞에 있습니다.
  文具コーナーの前にあります。

- 베스트셀러입니다.
  ベストセラーです。

◇ 작가가 누구입니까?
作家はだれですか?

◇ 재미있는 소설책을 소개해 주세요.
面白い小説を紹介してください。

◇ 인기 아이돌그룹 CD를 찾고 있어요.
人気アイドルグループのCDを探しています。

◇ 사전은 어디에 있습니까?
辞書はどこにありますか?

제 5 장 ④ 1-Track 52

이 책이 알기 쉽게 만화로 돼서 초등학생이 많이 보는 책입니다.

유미는 어린이들이 보는 한국 역사책을 물어봅니다.

잡지 코너 옆에 있습니다.

유미는 CD 코너를 물어봅니다.

이쪽에 있습니다.

유미는 인기 아이돌 CD를 물어봅니다.

일본에서 K-POP 인기가 정말 많아요?

점원이 일본에서의 K-POP 인기를 물어봅니다.

◇한국어를 공부하고 싶은데, 어떤 교재가 좋습니까?
韓国語を勉強したいのですが、どんな教材がいいですか？

4

書店で

イラスト1 案内デスクで韓国語の教材コーナーを尋ねます。
 ユミ　　：韓国語の教材コーナーはどこにありますか？
 店員1　：お客さま、私がご案内いたします。こちらへどうぞ。

イラスト2 店員が韓国語の教材コーナーへ案内します。
 店員1　：こちらが韓国語の教材コーナーでございます。
 ユミ　　：どうもありがとう。

イラスト3 ユミは韓国料理に関する本を探しています。
 ユミ　　：日本語で書かれた韓国料理の本を探しているんですが。
 店員1　：少々お待ちください。検索してみます。

イラスト4 店員が検索してくれます。
 店員1　：日本語で書かれた本が何冊かありますが、私が探してお持ちします。
 ユミ　　：お願いします。

イラスト5 ユミは子供たちが読む韓国の歴史本を尋ねます。
 ユミ　　：子供たちが読む韓国の歴史本はどんなものがありますか？
 店員1　：この本がわかりやすく漫画仕立てなので、小学生がたくさん読む本です。

イラスト6 ユミはCDコーナーを尋ねます。
 ユミ　　：CDコーナーはどこですか？
 店員1　：雑誌コーナーの隣にあります。

イラスト7 ユミは人気アイドルのCDを尋ねます。
 ユミ　　：最近の人気アイドルのCDはどこにありますか？
 店員2　：こちらにございます。

イラスト8 店員が日本でK-POPの人気を尋ねます。
 店員2　：日本でK-POPは本当に人気がありますか？
 ユミ　　：はい、すごい人気です。

Information

ユンノリ（윷놀이）

　韓国のお正月には、家族みんなが集まってユンノリをします。ユッ（윷）は棒、ノリ（놀이）は遊びという意味です。ユンノリは昔から韓国の人々の間で楽しまれてきた遊びですが、昔はユッを投げて一年の農事がうまくできるかどうかを占ったそうです。

《用意するもの》
ユッ：4本の棒。日本でいうさいころにあたります
マル：こま。色と形で自分のチームと相手のチームを分けます。コインなどの代用でも可。4個で1セット。色違いで2セットを使います
マルパン：こま盤

《遊び方》
① 2チームで遊びます。どちらが先攻になるか決めたら、すごろくの要領でスタート地点から始めます。
② ユッ（棒）を投げます。表が1本出た場合はト（ブタ）といい、コマを1つ進めます。以下、表が2本の場合はケ（いぬ）で2つ、表が3本の場合はコル（ひつじ）で3つ、表が4本の場合はユッ（うし）で4つ、表が0本の場合はモ（うま）で5つ進めます。ユッとモが出た場合はもう一度投げて進むことができます。
③ 相手チームのマル（こま）があるところに自分のチームのマルが止まった場合、相手チームのマルはマルパン（こま盤）から追放されます。さらにもう一回投げます。
④ 自分のチームのマルがあるところにもう1つのマルが止まると、一緒に進むことができます。
⑤ 先にマル4個がゴールに着いた方が勝ちです。

　ユンノリはお正月だけではなく、家族が集まったときにみんなで楽しめる遊びです。こまを取ったり取られたりと盛り上がりますので、友達や家族と一緒にユンノリを楽しんではどうでしょう。

ボキャブラリー

문학	文学	문구	文房具
외국어	外国語	시디 / 디비디	CD / DVD
인문	人文	책 제목	書名
과학	科学	저자	著者
종교	宗教	검색	検索
소설	小説	음악	音楽
시	詩	노래	歌
그림책	絵本	신곡	新曲
동화	童話	포크송	フォークソング
만화	漫画	가요	歌謡曲
외국서적	外国書籍	랩	ラップ
베스트셀러	ベストセラー	클래식	クラシック
잡지	雑誌	발라드	バラード

イラスト単語　슈퍼마켓〈スーパーマーケット〉

식료품코너　食料品コーナー

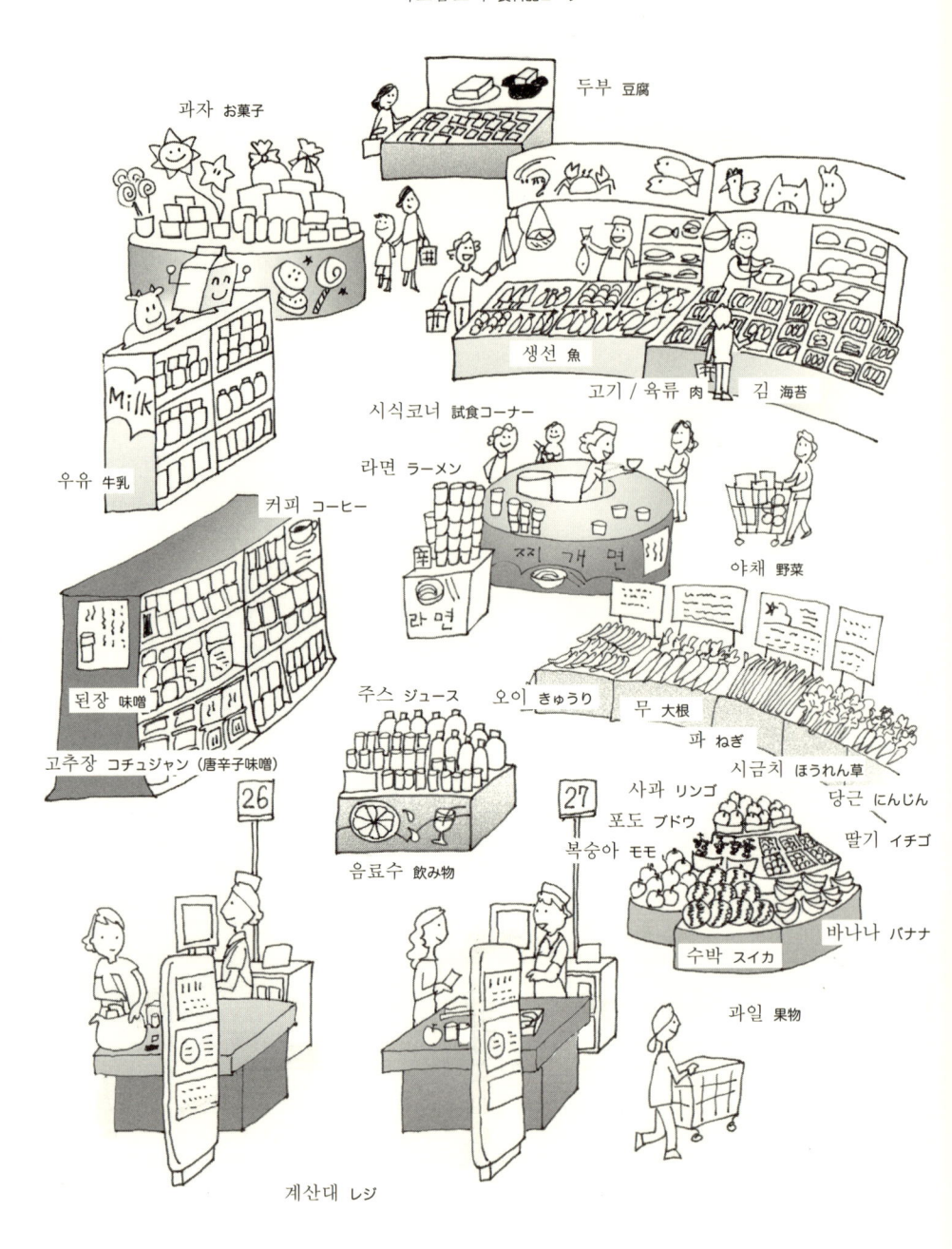

- 과자　お菓子
- 두부　豆腐
- 우유　牛乳
- 생선　魚
- 고기 / 육류　肉
- 김　海苔
- 커피　コーヒー
- 시식코너　試食コーナー
- 라면　ラーメン
- 야채　野菜
- 된장　味噌
- 고추장　コチュジャン（唐辛子味噌）
- 주스　ジュース
- 오이　きゅうり
- 무　大根
- 파　ねぎ
- 시금치　ほうれん草
- 음료수　飲み物
- 사과　リンゴ
- 당근　にんじん
- 포도　ブドウ
- 딸기　イチゴ
- 복숭아　モモ
- 수박　スイカ
- 바나나　バナナ
- 과일　果物
- 계산대　レジ

音韻規則（1）

　　ハングルの音読はなぜ難しいのでしょう？　その理由には何点かありますが、その一つは表記と発音とが一致しないことです。ハングルは表音文字ですが、文字が連なると隣り合わせた字母の間でいろいろな音韻変化が起こります。では、なぜ発音どおりに表記しないのか？　発音どおりに表記した場合、つづりの持つ意味が失われてしまいます。表記は目で見て意味が理解しやすいように、発音は滑らかに発音できるように、が基本です。この二点を生かしたところから出たのが音韻変化で、音韻変化から生まれたのが音韻規則と言えるでしょう。わざわざ音韻規則（発音規則）を作って発音を難しくしているわけではありません。滑らかに発音した結果にすぎません。

　　안녕하십니까? を既にご存知の方の多くはハングルから学んだのではなく、音から覚えたと思います。안녕하십니까も発音どおりに表記すると[안녕하심니까]になります。십を[심]と発音するのは無声子音の有声化という音韻変化のためです。さまざまな音韻規則を難しいと思う人が多いようですが、音韻規則が難しいのではなく、母音字母、子音字母、初声、中声、終声（パッチム）の理解度が音韻規則を難しく感じさせているようです。まず、初声の19個の子音字母、中声の21個の母音字母、パッチムの27個の子音字母とそれらの音を確実に覚えてください。

27個のパッチム（終声）と7つの代表音

　　次の表は27個のパッチム（終声）を7グループ分類し、それぞれの代表音を示したものです。

　　27個のパッチムは**終声規則**によって7通りの発音にまとめられています。そして更に有声子音と無声子音とに二分されています。

有声子音	無声子音
① ㅁ [m] …ㅁ ㄻ	⑤ ㅂ [p] …ㅂ ㅍ ㅄ ㄿ
② ㄴ [n] …ㄴ ㄵ ㄶ	⑥ ㄷ [t] …ㄷ ㅌ ㅅ ㅆ ㅈ ㅊ ㅎ
③ ㅇ [ŋ] …ㅇ	⑦ ㄱ [k] …ㄱ ㄲ ㅋ ㄳ ㄺ
④ ㄹ [l] …ㄹ ㄼ ㄽ ㄾ ㅀ	

　　左右異なる子音字母の並ぶ複合終声（複合パッチム）は11個あり、どちらか一つを発音する場合、どちらを発音するかは**終声規則**で決まっています。가나다順で先に出てくる方を発音するのが9個、後に出てくる方を発音するのが2個（ㄻ / ㄿ）、両方にまたがっていて単語によって左右どちらを発音するか決まっているのが1個（ㄼ）あります。①と⑤、②と⑥、③と⑦、そして②と④は非常に深い関係にあります。

音韻規則の説明によく使われる表現

平音	ㄱ〔k・g〕	ㄷ〔t・d〕	ㅂ〔p・b〕	ㅈ〔tʃ・dʒ〕	ㅅ〔s〕
濃音	ㄲ〔k'〕	ㄸ〔t'〕	ㅃ〔p'〕	ㅉ〔tʃ'〕	ㅆ〔s'〕
激音	ㅋ〔kʰ〕	ㅌ〔tʰ〕	ㅍ〔pʰ〕	ㅊ〔tʃʰ〕	

濃音には発音記号の右肩に〔'〕を付けました。
激音には発音記号の右肩に〔ʰ〕を付けました。

平音の濃音化	表記は平音でも濃音で発音されること。
平音の濁音化	表記は平音でも激音で発音されること。
無声子音の有声化	「27個のパッチム（終声）と7つの代表音」の表にある⑤→①、⑥→②、⑦→③で発音されること。
リンキング（連音）	二文字のハングルの間で起きる発音現象で、前のハングルにパッチムがあり、後ろのハングルに初声がない場合、前のパッチムが後ろの母音と結合して発音されること。
リエゾン	二つの語の間で起きる発音現象で、前の語の最終音節にパッチムがあり、後ろの語の第一音節に初声がなく、中声が이と이先行母音（야 / 여 / 요 / 유 / 애 / 예）の場合に起こります。リンキングと異なるのは、前の語のパッチムが後ろの語の初声として発音されるのではなく、이と이先行母音の初声として〈ㄴ [n]〉が挿入されます。〈ㄴ [n]〉が挿入されることによって、前の語のパッチムが⑤⑥⑦の場合は有声化して①②③で発音されることです。

音韻規則

(1) 平音の濁音化・濃音化（その1）・リンキング（連音）   (2) ㄷ / ㅌの口蓋音化
(3) リエゾン   (4) 平音の濃音化（その2）・激音化   (5) 無声子音の有声化
(6) ㄴの流音化   (7) ㅎ音の消滅と弱化

音韻規則 (1) 〜 (7) を三つの章に分けて説明します。

제 6 장 (第6章)

2-Track 1-10

거리에서　　　　　　　　　　　　街で

---

① 길에서　　　　　道で

② 은행에서　　　　銀行で

③ 서울시티투어버스 승차권 판매소에서

　　ソウルシティツアーバスの乗車券売り場で

1 길에서 道で

2-Track 1

STEP 1 道でのシーンです。まずは CD を聴いてみましょう。

말씀 좀 여쭙겠습니다. 편의점에 가고 싶은데 이 근처에 있습니까?

편의점은 저 하얀 빌딩 왼쪽으로 가다 보면 있습니다.

유미는 지나가는 사람에게 근처에 편의점이 있는지 묻습니다.

저 신호등 너머로 보이는 높고 하얀 빌딩 왼쪽으로요?

맞습니다. 여기선 잘 안 보이니까 길을 건너 다시 물어 보십시오.

유미는 편의점까지 가는 길을 확인합니다.

길 좀 묻겠습니다. 교보문고에 가려고 하는데요. 어디로 가면 됩니까?

교보문고는 저 갈색 건물 지하에 있습니다. 50 미터 정도 가시면 지하도 입구가 있는데, 그 지하도가 교보문고로 연결돼 있습니다.

유미는 지나가는 사람에게 교보문고 (서점) 까지 가는 길을 묻습니다.

말씀 좀 여쭙겠는데요, 대학로에 가고 싶은데 버스정류장이 어디예요?

버스정류장은 저기예요. 대학로에 가려면 파란색 1012 번 버스를 타시면 돼요.

유미는 대학로에 가려고 버스정류장을 찾고 있습니다.

🔑 重要表現を覚えましょう。
キーセンテンス

◇말씀 좀 여쭙겠습니다. 편의점에 가고 싶은데 이 근처에 있습니까?
ちょっとお尋ねします。コンビニに行きたいのですが、この近くにありますか？

●편의점은 저 하얀 빌딩 왼쪽으로 가다 보면 있습니다.
コンビニはあの白いビルを左に曲がってちょっと行く

とあります。

●여기선 잘 안 보이니까 길을 건너 다시 물어 보십시오.
ここからはよく見えませんから、道を渡ってもう一度尋ねてみてください。

◇교보문고에 가려고 하는데요. 어디로 가면 됩니까?
教保文庫に行きたいんですが。どちらに行けばいいですか？

136

제6장 ① 2-Track 1

운전기사님, 롯데월드에 갑니까?

네, 갑니다. 빨리 타세요.

유미는 버스 운전기사에게 롯데월드에 가느냐고 물어봅니다.

운전기사님, 롯데월드에서 내려 주세요.

Lotte World

알겠습니다. 위험하니까 좌석에 앉아 계세요.

유미는 롯데월드에서 내려 달라고 부탁합니다.

운현궁에 가려고 하는데, 어디로 갑니까?

운현궁은 저 사거리에서 오른쪽으로 돌아가서 쭉 가시다 보면 왼쪽에 있습니다.

유미는 지나가는 사람에게 운현궁으로 가는 길을 묻습니다.

이 지도에서 지금 제가 있는 곳하고 운현궁 위치를 가르쳐 주세요.

지금 계시는 곳은 여기고, 운현궁은 여기입니다. 가깝습니다.

유미는 지도를 보여 주면서 현재 위치와 운현궁의 위치를 묻습니다.

거리에서 街で

◇ 버스정류장이 어디예요?
バス停はどこですか？

● 대학로에 가려면 파란색 1012번 버스를 타시면 돼요.
大学路には青色の1012番のバスに乗れば行けます。

◇ 운전기사님, 롯데월드에 갑니까?
運転手さん、ロッテワールドに行きますか？

◇ 롯데월드에서 내려 주세요.
ロッテワールドで降ろしてください。

● 위험하니까 좌석에 앉아 계세요.
危ないですから座席に掛けていてください。

◇ 이 지도에서 지금 제가 있는 곳하고 운현궁 위치를 가르쳐 주세요.
この地図で今私のいる所と雲峴宮の位置を教えてください。

1 길에서

2-Track 2

STEP 2 今度はユミになって、道を尋ねてみましょう。

> 편의점은 저 하얀 빌딩 왼쪽으로 가다 보면 있습니다.

유미는 지나가는 사람에게 근처에 편의점이 있는지 묻습니다.

> 맞습니다. 여기선 잘 안 보이니까 길을 건너 다시 물어 보십시오.

유미는 편의점까지 가는 길을 확인합니다.

> 교보문고는 저 갈색 건물 지하에 있습니다. 50 미터 정도 가시면 지하도 입구가 있는데, 그 지하도가 교보문고로 연결돼 있습니다.

유미는 지나가는 사람에게 교보문고 (서점) 까지 가는 길을 묻습니다.

> 버스정류장은 저기예요. 대학로에 가려면 파란색 1012 번 버스를 타시면 돼요.

유미는 대학로에 가려고 버스정류장을 찾고 있습니다.

道を尋ねる際に役立つ表現を覚えましょう。

応用表現
2-Track 3

◇ 그곳으로 가는 약도 좀 그려 주시겠습니까?
  そこに行く略図を描いていただけませんか?

● 걸어서 가기에는 너무 멀어요.
  歩いていくには遠すぎます。

◇ 어떻게 가는 게 가장 빠를까요?
  どうやって行くのがいちばん早いですか?

● 거기 가려면 지하철보다 버스가 더 편리할 거예요.
  そこへは地下鉄よりもバスの方が便利でしょう。

● 걸어서 10 분이면 도착합니다.
  歩いて 10 分で着きます。

제 6 장 ① 2-Track 2

네, 갑니다. 빨리 타세요.

유미는 버스 운전기사에게 롯데월드에 가느냐고 물어봅니다.

알겠습니다. 위험하니까 좌석에 앉아 계세요.

유미는 롯데월드에서 내려 달라고 부탁합니다.

운현궁은 저 사거리에서 오른쪽으로 돌아가서 쭉 가시다 보면 왼쪽에 있습니다.

유미는 지나가는 사람에게 운현궁으로 가는 길을 묻습니다.

지금 계시는 곳은 여기고, 운현궁은 여기입니다. 가깝습니다.

유미는 지도를 보여 주면서 현재 위치와 운현궁의 위치를 묻습니다.

● 멀어서 걸어갈 수 없습니다.
   遠いので歩いては行けません。

● 한참 더 가야 합니다.
   もっと、ずっと行かなければなりません。

● 바로 앞입니다.
   すぐ目の前です。

◇ 다음 정류장에서 내려 주세요.
   次のバス停で降ろしてください。

● 버스는 내리기 전에 미리 벨을 눌러 하차를 알려야 합니다.
   バスは降りる前に予めベルを押して下車を知らせなければなりません。

◇ 오른쪽 / 왼쪽으로 돌아가세요.
   右に / 左に曲がってください。

◇ 가까운 데까지 오면 알려 주세요.
   近くまで来たら知らせてください。

거리에서 街で

1

道で

イラスト1　ユミは通りがかりの人に、近くにコンビニがあるか尋ねます。
　　ユミ　　　：ちょっとお尋ねします。コンビニに行きたいのですが、この近くにありますか？
　　通行人1　：コンビニはあの白いビルを左に曲がってちょっと行くとあります。

イラスト2　ユミはコンビニまでの道を確認します。
　　ユミ　　　：あの信号の向こうに見える高い白いビルを左ですね？
　　通行人1　：そうです。ここからはよく見えませんから、道を渡ってもう一度尋ねてみてください。

イラスト3　ユミは通りがかりの人に教保文庫（キョボムンゴ）（書店）までの道を尋ねます。
　　ユミ　　　：ちょっと道をお尋ねします。
　　　　　　　教保文庫に行きたいんですが、どちらに行けばいいですか？
　　通行人2　：教保文庫はあの茶色い建物の地下にあります。50メートルほど行ったところに地下道の入口があって、その地下道が教保文庫につながっています。

イラスト4　ユミは大学路（テハンノ）に行こうとバス停を探しています。
　　ユミ　　　：ちょっとお尋ねします。大学路に行きたいんですが、バス停はどこですか？
　　通行人3　：バス停はあそこです。大学路には青色の1012番のバスに乗れば行けます。

イラスト5　ユミはバスの運転手にロッテワールドに行くか尋ねます。
　　ユミ　　　：運転手さん、ロッテワールドに行きますか？
　　運転手　　：行きます。早く乗ってください。

イラスト6　ユミはロッテワールドで降ろしてくれるよう頼みます。
　　ユミ　　　：運転手さん、ロッテワールドで降ろしてください。
　　運転手　　：わかりました。危ないですから座席に掛けていてください。

イラスト7　ユミは通りがかりの人に雲峴宮（ウニョングン）への道を尋ねます。
　　ユミ　　　：雲峴宮に行きたいのですが、どう行けばいいでしょうか？
　　通行人4　：雲峴宮はあの交差点を右に曲がってまっすぐ行けば左手にあります。

イラスト8　ユミは地図を見せて現在地と雲峴宮の位置を尋ねます。
　　ユミ　　　：この地図で今私のいる所と雲峴宮の位置を教えてください。
　　通行人4　：今いる所はここで、雲峴宮はここです。近いですよ。

Information

夏の味覚コンクックス

　日本にある私が行った限りの韓国料理店のメニューにない韓国料理の一つにコンクックスがあります。コンは豆、クックスは麺、コンクックスは簡単に言えば豆乳に麺を入れた料理です。しかし、かつて韓国から来たコンクックスの好きな友人が市販の豆乳にそうめんを入れて食べてみたところ、コンクックスとは別物のようだったとか。韓国では夏になると家庭で作って食べる料理の一つですが、言うほど簡単ではなさそうです。夏にしかお目にかかれないコンクックスはたんぱく質の宝庫。コンクックスで有名なあるお店の前は昼食時になると客が長蛇の列をなします。待つこと30分などは序の口。やっと席に案内されてコンクックスを注文すると、どんぶりというより大きな鉢に、麺と冷たい大豆のスープがたっぷり入って出て来ます。普通スープは白色ですが、その店のはほのかな香ばしさを醸しだす淡いきつね色をしています。それを塩やキムチなどで自分好みの味に仕立てて食べるわけですが、あまりのおいしさに"둘이 먹다가 하나가 죽어도 모른다（二人で食べていて一人が死んでもあまりの旨さに気づきもしない〈ほっぺたが落ちるほど旨いという意味〉）"という韓国のことわざが思い浮かびます。一滴残さず飲み干したいくらいのコンスープですが、とても胃袋が受け入れられる量ではありません。夏ならコンクックス、冬ならトック（餅入りのスープ、雑煮）。韓国に行く大きな楽しみの一つです。

ボキャブラリー

편의점	コンビニ	첫번째 / 두번째	一つ目 / 二つ目		
근처	近所	우회전 / 좌회전	右回り / 左回り		
신호등	信号灯	가깝다 / 멀다	近い / 遠い		
화장실	トイレ	우체국	郵便局		
동서남북	東西南北	약국	薬局		
똑바로	まっすぐ	파출소	派出所		
횡단보도	横断歩道	지도를 / 약도를 그리다	地図を / 略図を描く		
지하도	地下道				
입구 / 출구	入口 / 出口				
건너편	向かい側				

2 은행에서 銀行で

2-Track 4

STEP 1 銀行でのシーンです。まずは CD を聴いてみましょう。

어서 오십시오. 뭘 도와 드릴까요?

환전하고 싶은데요.

유미는 환전하러 은행에 갑니다.

그럼 5 번 창구로 가십시오.

네, 알겠습니다.

은행원은 유미에게 5 번 창구로 가라고 합니다.

엔을 원으로 바꾸고 싶은데요, 오늘 환율이 얼마입니까?

오늘 환율은 100 엔이 1,357 원입니다.

유미는 환율을 물어봅니다.

5 만 엔을 원으로 바꿔 주세요.

67 만 8,500 원이 되는데요, 어떻게 바꿔 드릴까요?

50 만 원을 5 만 원짜리, 17 만 원을 만 원짜리, 8 천 원은 천 원짜리, 5 백 원은 잔돈 섞어 주세요.

유미는 환전하려는 금액과 그 교환 내용을 말합니다.

重要表現を覚えましょう。
キーセンテンス

- 어서 오십시오. 뭘 도와 드릴까요?
  いらっしゃいませ。何をお手伝いいたしましょうか？

◇ 엔을 원으로 바꾸고 싶은데요.
  円をウォンに両替したいのですが。

◇ 오늘 환율이 얼마입니까?
  今日のレートはいくらですか？

- 오늘 환율은 100 엔이 1,357 원입니다.
  本日のレートは 100 円に対して 1,357 ウォンです。

- 어떻게 바꿔 드릴까요?
  どのようにお換えしましょうか？

손님, 여권 좀 보여 주시겠습니까?

네, 여기 있습니다.

은행원은 여권 제시를 요구합니다.

5 만원짜리로 50 만 원, 만 원짜리로 17 만 원, 천 원짜리로 8 천 원, 5 백 원은 백 원짜리 동전을 섞었습니다.

5 만원짜리 10 장, 만 원짜리 17 장, 천 원짜리 8 장, 100 원짜리 동전이 5 개죠?

은행원은 환전한 원을 유미에게 주면서 설명합니다.

여기 사인해 주세요. 여권 여기 있습니다.

감사합니다.

은행원은 유미에게 사인을 요구하고 여권을 돌려 줍니다.

◇ 50 만 원을 5 만 원짜리, 17 만 원을 만 원짜리, 8 천 원은 천 원짜리, 5 백 원은 잔돈 섞어 주세요.
50万ウォンを5万ウォン札で、17万ウォンを1万ウォン札で、8,000ウォンを千ウォン札で、500ウォンは小銭を混ぜてください。

2 은행에서

2-Track 5

STEP 2 今度はユミになって、銀行で両替をしてみましょう。

어서 오십시오. 뭘 도와 드릴까요?

그럼 5 번 창구로 가십시오.

유미는 환전하러 은행에 갑니다.

은행원은 유미에게 5 번 창구로 가라고 합니다.

오늘 환율은 100 엔이 1,357 원입니다.

67 만 8,500 원이 되는데요, 어떻게 바꿔 드릴까요?

유미는 환율을 물어봅니다.

유미는 환전하려는 금액과 그 교환 내용을 말합니다.

銀行で役立つ表現を覚えましょう。
応用表現
2-Track 6

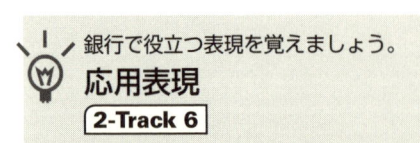

◇오늘 환율을 알고 싶은데요.
今日のレートを知りたいんですが。

●환전을 하시려면 여권이 필요합니다.
両替なさるにはパスポートが必要です。

●필요사항을 적어 주십시오.
必要事項をご記入ください。

●도장이 없으시면 사인하시면 됩니다.
印鑑をお持ちでなければサインでも結構です。

◇계산이 틀린 것 같습니다.
計算が間違っているようです。

제 6 장 ② 2-Track 5

손님, 여권 좀 보여 주시겠습니까?

5 만 원짜리로 50 만 원, 만 원짜리로 17 만 원, 천 원짜리로 8 천 원, 5 백 원은 백 원짜리 동전을 섞었습니다.

은행원은 여권 제시를 요구합니다.

은행원은 환전한 원을 유미에게 주면서 설명합니다.

여기 사인해 주세요.
여권 여기 있습니다.

은행원은 유미에게 사인을 요구하고 여권을 돌려 줍니다.

◇이 여행자수표 현금으로 바꿔 주시겠어요?
　このトラベラーズチェックを現金に換えてくれますか？

◇5 만 원짜리와 만 원짜리로 주세요.
　5万ウォン札と1万ウォン札でください。

◇일본 사람인데 계좌를 만들 수 있어요?
　日本人ですが、口座を開くことができますか？

거리에서 街で

145

2

銀行で

イラスト1 ユミは両替をしに銀行に行きます。
　　　　　銀行員1　：いらっしゃいませ。何をお手伝いいたしましょうか？
　　　　　ユミ　　　：両替をしたいんですが。

イラスト2 銀行員はユミに5番窓口へ行くように言います。
　　　　　銀行員1　：では、5番窓口にどうぞ。
　　　　　ユミ　　　：はい、わかりました。

イラスト3 ユミはレートを尋ねます。
　　　　　ユミ　　　：円をウォンに両替したいのですが、今日のレートはいくらですか？
　　　　　銀行員2　：本日のレートは100円に対して1,357ウォンです。

イラスト4 ユミは両替しようとする金額と希望の金種を言います。
　　　　　ユミ　　　：5万円をウォンに換えてください。
　　　　　銀行員2　：67万8,500ウォンになりますが、どのようにお換えしましょうか？
　　　　　ユミ　　　：50万ウォンを5万ウォン札で、17万ウォンを1万ウォン札で、8,000ウォンを千ウォン札で、500ウォンは小銭を混ぜてください。

イラスト5 銀行員はパスポートの提示を要求します。
　　　　　銀行員2　：お客さま、パスポートをお見せいただけますか？
　　　　　ユミ　　　：はい、どうぞ。

イラスト6 銀行員は両替したウォンをユミに差し出しながら説明します。
　　　　　銀行員2　：5万ウォン札で50万ウォン、1万ウォン札で17万ウォン、千ウォン札で8,000ウォン、500ウォンは100ウォン硬貨にしました。
　　　　　ユミ　　　：5万ウォン札が10枚、1万ウォン札が17枚、千ウォン札が8枚、100ウォン硬貨が5枚ですね？

イラスト7 銀行員はユミにサインを求めて、パスポートを返します。
　　　　　銀行員2　：ここにサインをお願いします。パスポートをお返しいたします。
　　　　　ユミ　　　：ありがとうございます。

Information

敬称

韓国人の名前を呼ぶ場合と日本人の名前を呼ぶ場合には違いがあります。

韓国語には韓国人の名前につけて呼ぶ、日本語の「〜さん」にぴったりの敬称がありません。強いて言えば最も近いのは"씨"（〜氏）ですが、目上の人に使うのは失礼になります。

この"씨"は韓国人の姓には付けず、ファーストネームか、フルネームに付けます。

　　　　× 洪 씨　　　　○洪吉童 씨　　　　○吉童 씨

銀行やデパートなどで顧客の名を呼ぶときはフルネームの後ろに"손님"（お客様）、あるいは"님"（様）を付けて呼びます。

韓国では自分の両親の名前を尋ねられた場合、日本のように「太郎です」とか「さちこです」というような言い方はしません。例えば父親の名前が洪吉童（홍길동）の場合は、

　홍字（ホンチャ）、길字（キルチャ）、동字（トンチャ）입니다（です）。
　あるいは、길字、동字입니다．

と答えます。両親や祖父母の名前をそのまま"홍길동입니다."のように答えるのは礼に外れます。

目下の名前だけを呼ぶ場合、パッチムで終わっている名前には〈아〉を、母音で終わっている名前には〈야〉を付けて呼びます。

　　　　길동 → 길동아　　　수미 → 수미야

名前に助詞を付ける場合、パッチムで終わっている名前、母音で終わっている名前に関係なく、そのまま助詞を付けてもいいですし、パッチムで終わっている名前には〈이〉を付けてから助詞をつけてもいいです。

　　　　길동 → 길동은 / 길동이 / 길동을
　　　　길동 → 길동이는 / 길동이가 / 길동이를

また、兄弟の間で二文字の名前を一文字だけで呼ぶ場合、後ろの一文字を呼ぶことが多いです。

　　　　길동 → 동아　　　수미 → 미야

韓国人と日本人が親しくなると、韓国人は日本人の名前を「さちこ」なら"사치코"と呼びますが、これは決して日本式の呼び捨てにあたる表現ではありません。日本人の苗字に"〜씨"（〜氏）を付けて呼ぶのも失礼な表現ではありません。

ボキャブラリー

창구	窓口	어음	手形
환전 / 환전소	両替 / 両替屋	도장	印鑑
비밀번호	暗証番号	계좌	口座
지폐	紙幣	틀리다	間違える
동전	銅貨	돌려주다	返す
5만 원짜리	5万ウォン札	섞다	混ぜる
1장 / 2장 / 3장	1枚 / 2枚 / 3枚	만들다	作る
보통예금	普通預金	요구	要求
당좌예금	当座預金	영업시간	営業時間
예금	預金	문을 열다 / 닫다	店を開ける / 閉める
인출	引出	제시	提示
수표	小切手		

3 서울시티투어버스 승차권 판매소에서 ソウルシティアーバスの乗車券売り場で 2-Track 7

STEP 1 市内観光バスの乗車券売り場でのシーンです。まずはCDを聴いてみましょう。

일층버스 도심순환투어 어른 한 장 주세요. 얼마예요?

10,000원입니다.

유미는 서울시티투어버스 승차권을 구입합니다.

순환시간은 얼마나 걸립니까?

길이 막히지 않으면 2시간 정도 걸립니다.

유미는 순환시간을 물어봅니다.

이 승차권에는 시간 지정이 없습니까?

네, 없습니다. 하루 종일 투어 가능합니다. 하차 장소에서 다시 타시면 됩니다.

유미는 승차시간에 대해 물어봅니다.

일찍 가서 줄 서야 합니까?

30분 간격으로 운행하고 있으니까 일찍 줄 서실 필요없습니다.

유미는 일찍 가서 기다려야 하는지 물어봅니다.

重要表現を覚えましょう。 キーセンテンス

◇순환시간은 얼마나 걸립니까?
循環時間はどれくらいですか？

● 길이 막히지 않으면 2시간 정도 걸립니다.
道が込まなければ2時間くらいです。

◇이 승차권에는 시간 지정이 없습니까?
この乗車券には時間の指定はありませんか？

◇일찍 가서 줄 서야 합니까?
早めに行って並ばなければいけませんか？

● 30분 간격으로 운행하고 있으니까 일찍 줄 서실 필요없습니다.
30分間隔で運行していますから、早めにお並びになる必要はございません。

설명은 한국어로 해요?

일본어 자동설명기가 설치돼 있습니다.

유미는 설명 언어에 대해 물어봅니다.

손님, 일본어판, 한국어판, 영어판 팸플릿이 있는데요, 어느 걸 드릴까요?

일본어판하고 한국어판을 받을 수 있습니까?

직원이 유미에게 팸플릿을 줍니다.

한 가지 더 여쭙겠습니다. 야경투어에는 일층버스와 이층버스가 있는데 요금과 코스는 같습니까?

요금은 둘 다 어른이 만 원인데, 코스와 순환시간이 좀 다릅니다. 방금 드린 팸플릿을 보십시오.

유미는 야경투어에 대해 물어봅니다.

◇설명은 한국어로 해요?
説明は韓国語ですか?

●일본어 자동설명기가 설치돼 있습니다.
日本語の自動説明機が付いています。

◇일본어판하고 한국어판을 받을 수 있습니까?
日本語版と韓国語版をいただけますか?

◇한 가지 더 여쭙겠습니다.
もう一つお尋ねします。

3 서울시티투어버스 승차권 판매소에서　　　　　2-Track 8

STEP 2　今度はユミになって、ソウルシティツアーバスの乗車券を購入してみましょう。

10,000 원입니다.

유미는 서울시티투어버스 승차권을
구입합니다.

길이 막히지 않으면 2 시간
정도 걸립니다.

유미는 순환시간을 물어봅니다.

네, 없습니다. 하루 종일 투어
가능합니다. 하차 장소에서 다시
타시면 됩니다.

유미는 승차시간에 대해 물어봅니다.

30 분 간격으로 운행하고 있으니까
일찍 줄 서실 필요없습니다.

유미는 일찍 가서 기다려야 하는지
물어봅니다.

市内観光バスの乗車券売り場で役立つ表現を覚えましょう。

応用表現
2-Track 9

◇설명은 어느 나라 말로 합니까?
　説明は何語でしますか？

● 일본어가 가능한 통역 가이드가
　배치되어 있습니다.
　日本語のできる通訳ガイドがついています。

● 승차권을 제시하면 무료나 할인된
　가격으로 구경하실 수 있습니다.
　乗車券を見せれば無料か割引価格でご見物できます。

◇승차권 분실한 경우 재발급 받을 수
　있습니까?
　乗車券を失くした場合、再発行していただけますか？

제6장 ③ 2-Track 8

손님, 일본어판, 한국어판, 영어판 팸플릿이 있는데요, 어느 걸 드릴까요?

일본어 자동설명기가 설치돼 있습니다.

유미는 설명 언어에 대해 물어봅니다.

직원이 유미에게 팸플릿을 줍니다.

요금은 둘 다 어른이 만 원인데, 코스와 순환시간이 좀 다릅니다. 방금 드린 팸플릿을 보십시오.

유미는 야경투어에 대해 물어봅니다.

- ●분실하지 않도록 주의하세요.
  失くさないように注意してください。

- ●좌석마다 설치된 헤드폰을 이용하시기 바랍니다.
  座席ごとに付いているヘッドフォンをご利用ください。

- ◇차멀미하니까 앞쪽 자리를 주세요.
  車酔いしますので前の方の座席をください。

- ●좌석은 자유석입니다.
  座席は自由席です。

- ◇며칠 전부터 예약이 가능합니까?
  何日前から予約可能ですか？

- ●좌석이 없으니까 다음 버스를 타시기 바랍니다.
  席がありませんので次のバスにお乗りください。

3

ソウルシティツアーバスの乗車券売り場で

イラスト1 ユミはソウルシティツアーバスの乗車券を購入します。
 ユミ ：1階建てバス都心循環コース、大人1枚ください。おいくらですか？
 職員 ：10,000ウォンです。

イラスト2 ユミは循環時間を尋ねます。
 ユミ ：循環時間はどれくらいですか？
 職員 ：道が込まなければ2時間くらいです。

イラスト3 ユミは乗車時間について尋ねます。
 ユミ ：この乗車券には時間の指定はありませんか？
 職員 ：はい、ありません。一日乗り放題です。下車した場所でお乗りになればいいです。

イラスト4 ユミは早めに行って待たなければならないか尋ねます。
 ユミ ：早めに行って並ばなければいけませんか？
 職員 ：30分間隔で運行していますから、早めにお並びになる必要はございません。

イラスト5 ユミは説明の言語について尋ねます。
 ユミ ：説明は韓国語ですか？
 職員 ：日本語の自動説明機が付いています。

イラスト6 職員はユミにパンフレットをくれます。
 職員 ：お客様、日本語版、韓国語版、英語版のパンフレットがございますが、どれを差し上げましょうか？
 ユミ ：日本語版と韓国語版をいただけますか？

イラスト7 ユミは夜間コースについて尋ねます。
 ユミ ：もう一つお尋ねします。夜間コースには1階バスと2階バスがありますが、料金もコースも同じですか？
 職員 ：料金は両方大人10,000ウォンで同じですが、コースと循環時間が少し異なります。今、差し上げたパンフレットをご覧ください。

Information

ソウルシティツアーバスとエムパス

　最近はパックツアーでも「終日自由」の日を入れているものが目につきます。その日のために多種多様のオプショナルツアーが用意されていますが、自由に一人で、あるいは同伴者とソウルシティツアーバスに乗って、ソウルの主だった観光地を回ってみるのもいいものです。

　一階建て都心循環コース・二階建て清渓川と古宮コース・一階建て夜間コース・二階建て夜間コースがあります。

　都心循環コースは主だった観光地が網羅されていて、全部で27カ所の停留所を循環します。目標の停留所で下車して自由に観覧、散策したら、次のバスに乗って循環を続けられます。午前9時から午後9時まで30分間隔で運行していて、乗車券は大人10,000ウォン、高校生以下8,000ウォンととてもお値打ちです。バスに乗って車窓からの風景を楽しむのもいいものです。運転手さんにあらかじめ降りる停留所を伝えて、降ろしてくれるように頼んでおけば心配いりません。

　ソウルの地下鉄も安価で充実しています。地下鉄の路線図に色分けして使われている色と同じ色が地下鉄駅の壁に太く帯線で塗られているので、韓国語がわからなくても、路線図と壁の帯線を頼りに目的の駅まで行くのにさほど困難はありません。ソウルを訪れた外国人のために外国人専用公共交通定期券エムパス（M-PASS）もあります。エムパスはソウルの地下鉄1～9号線、仁川地下鉄、空港鉄道など首都圏の地下鉄や鉄道を一日最大20回まで利用できる交通カードです。1日券・2日券・3日券・5日券・7日券があり、1日券が10,000ウォン、7日券が59,500ウォンと日数が長くなるほど割安になっています。

　公共交通機関を利用してソウルの隅々まで見物する旅も楽しいものです。（2012年3月現在）

ボキャブラリー

승차권	乗車券	줄을 서다	列を作る
자리	席	비다	空く
하루 종일	終日	같다	同じだ
누르다	押す	다르다	異なっている
내리다	降りる / 降ろす	방금	たった今
세우다	止める	일본어판	日本語版
길이 막히다	道が込む	한국어판	韓国語版

イラスト単語　　내 방 〈私の部屋〉

- 달력 カレンダー
- 책장 本箱
- 벽시계 壁時計
- 옷걸이 ハンガー
- 책상 机
- 의자 椅子
- 서랍 引き出し
- 휴지통 ゴミ箱
- 거울 鏡
- 창문 窓
- 옷장 タンス
- 이불 布団
- 담요 毛布
- 수첩 手帳
- 책 本
- 베개 枕
- 침대 ベッド

音韻規則（2） 2-Track 10

(1) 平音の濁音化・濃音化（その1）・リンキング（連音）

1. 平音の濁音化

平音〈ㄱㄷㅂㅈ〉を清音として発音するか、濁音として発音するかはどこで決まるか？

① 平音〈ㄱㄷㅂㅈ〉が単語の第一音節にあるときは清音で発音します。ただし、平音〈ㄱㄷㅂㅈ〉が単語の第一音節にあっても前の語と続けて読む場合、前の字母によって濁音、あるいは濃音で発音されることがあります。

　　　　가요〔kayo〕　　안 가요〔angayo〕　　못 가요〔moːˈk'ayo〕

② 平音〈ㄱㄷㅂㅈ〉が有声音（母音とパッチムㅁㄴㅇㄹ）に挟まれている場合は、濁音で発音されます。〈ㅅ〉は濁音化しません。

| 고기 肉〔ko・gi〕 | 부부 夫婦〔pu・bu〕 | 과자 菓子〔kwa・ʥa〕 | 교사 教師〔kyoː・sa〕 |
| 일본 日本〔il・bon〕 | 친구 友達〔ʧin・gu〕 | 당장 今すぐ〔taŋ・ʥaŋ〕 | 담배 たばこ〔taːm・bɛ〕 |

2. 平音の濃音化（その1）

平音〈ㄱㄷㅂㅈ〉が有声音に挟まれていても、濁音化せず、濃音化する場合があります。

① 用言の語幹に付く語尾や補助語幹の発音

用言の語幹の最終音節のパッチムが〈ㄹ / ㅎ / ㄶ / ㅀ〉以外の場合は、接続する語尾や補助語幹の初声が平音〈ㄱㄷㅈ〉であっても濁音化せず、濃音化します。〈ㅅ〉も濃音化。

신다 履く〔신ː따 ʃiːntˈa〕	신고〔신ː꼬 ʃiːnkˈo〕	신지〔신ː찌 ʃiːnʧˈi〕
감다（髪を）洗う〔감ː따 kaːmtˈa〕	감고〔감ː꼬 kaːmkˈo〕	감지〔감ː찌 kaːmʧˈi〕
젊다 若い〔점ː따 ʧɔːmtˈa〕	젊고〔점ː꼬 ʧɔːmkˈo〕	젊지〔점ː찌 ʧɔːmʧˈi〕

② 漢字語の場合

熟語において前の漢字に〈ㄹ〉パッチムがあり、次の漢字の初声が平音のうち〈ㄷㅈㅅ〉の場合、平音〈ㄷㅈㅅ〉は濃音化します。〈ㄱㅂ〉は濁音化します。

| 발달 発達〔발딸 palt'al〕 | 발전 発展〔발쩐 palʧ'ɔn〕 | 발사 発射〔발싸 pals'a〕 |
| 발각 発覚〔발각 palgaᵏ〕 | 발발 勃発〔발발 palbal〕 | |

③ 複合語の場合

1. 複合語では前の語が有声子音〈ㅁㄴㅇㄹ〉で終わっていて、次の語の初声が平音〈ㄱㄷㅂㅈㅅ〉の場合、平音〈ㄱㄷㅂㅈㅅ〉は濃音化します。

| 아침밥 朝ごはん　아침＋밥〔아침빱 aʧʰimpˈaᵖ〕 |
| 손바닥 手のひら　손＋바닥〔손빠닥 sonpˈadaᵏ〕 |

2. 複合語において前の単語の最終音節にパッチムがない場合사이시옷（間に入れる入）を入れることがあります。この入は、意味は「〜の」、発音は後ろの単語の第一音節の初声が平音〈ㄱㄷㅂㅈㅅ〉の場合、濃音化させます。

> 빗소리 雨の音　비＋ㅅ＋소리〔빋쏘리 / 비쏘리 piˢ'ori / pis'ori〕

3. 複合語において사이시옷の次に이と이先行母音が来ていると、音韻規則（3）の（3）リエゾンで説明する音韻変化が起こります。

> 나뭇잎 木の葉　나무＋ㅅ＋잎〔나문닙 namunniᵖ〕

4. 複合語において사이시옷の次に〈ㄴㅁ〉が来ていると〈ㅅ〉は音韻規則（4）の（5）無声子音の有声化で説明する有声化が起こります。

> 뱃머리 船首〔밴머리 pɛnmɔri〕　콧노래 鼻歌〔콘노래 kʰonnorɛ〕

3. リンキング（連音）

パッチムは次が母音の場合、その母音と結合して発音されます。これをリンキング（連音）といいます。パッチム〈ㅊㅋㅌㅍ〉は母音と結合して激音に、パッチム〈ㄲㅆ〉は母音と結合して濃音になり、パッチム〈ㄱㄷㅂㅈ〉の場合は母音と結合して濁音化します。パッチム〈ㅅ〉は母音と結合しても濁音化しません。

국이〔구기 kugi〕	닫아〔다다 tada〕	밥은〔바븐 pabɯn〕	찾아〔차자 tʃʰadʒa〕
깎아〔까까 k'ak'a〕	있어〔이써 ls'ɔ〕	갚으〔가프 kapʰɯ〕	짙으〔지트 tʃitʰɯ〕

複合終声の場合は組み合わせによって、濁音化・濃音化が起こります。

넋이〔넉씨 nɔkʃi〕	앉아〔안자 andʒa〕	않아〔아나 ana〕	읽어〔일거 ilgɔ〕
젊어〔절머 tʃɔlmɔ〕	넓으〔널브 nɔlbɯ〕	잃어〔이러 irɔ〕	없이〔업씨 ɔːpʃi〕

(2) ㄷ／ㅌの口蓋音化

パッチム〈ㄷ〉と母音〈이〉が並ぶと、発音は〈ㄷ〉と〈이〉が結合して〔디〕になり、さらに変化して〔지 dʒi〕となります。また、パッチム〈ㅌ〉と母音〈이〉が並ぶと、発音は〈ㅌ〉と〈이〉が結合して〔티〕になり、更に変化して〔치 tʃʰi〕となります。これを口蓋音化といいます。

ㄷ＋이 → 디 → 지	굳이 強いて〔구디 → 구지 kudʒi〕
ㅌ＋이 → 티 → 치	같이 一緒に〔가티 → 가치 katʃʰi〕

제 7 장 (第7章)

2-Track 11-20

관광　　　　　　　　　　　　観光

---

1. 경복궁에서　　　景福宮で
2. 춘천 남이섬에서　　春川 南怡島で
3. 찜질방에서　　　チムジルバンで

1 경복궁에서 景福宮（キョンボックン）で　2-Track 11

STEP 1　景福宮でのシーンです。まず CD を聴いてみましょう。

유미 씨, 경복궁에 가 봤어요?

아니요, 못 가 봤어요.

수희가 경복궁을 가 봤는지 묻습니다.

어떤 곳이에요?

옛날에 임금님이 살았던 대궐이에요.

수희가 경복궁에 대해서 물어봅니다.

유미 씨, '궁'이라는 드라마 봤어요?

네, 너무 재미있게 봤어요.

그 드라마도 경복궁에서 찍었어요.

'궁'이라는 드라마에 대해서 이야기합니다.

어른 둘이요.

6천원입니다.

입장권을 삽니다.

重要表現を覚えましょう。 キーセンテンス

● 경복궁에 가 봤어요?
　景福宮に行ってみましたか？

◇ 아니요, 못 가 봤어요.
　いいえ、行ったことがありません。

● '궁'이라는 드라마 봤어요?
　「宮（クン）」というドラマを見ましたか？

◇ 너무 재미있게 봤어요.
　とても面白く見ました。

● 그 드라마도 경복궁에서 찍었어요.
　あのドラマも景福宮で撮影したんですよ。

◇ 어른 둘이요.
　大人二人です。

제7장 ① 2-Track 11

저기 보이는 건물이 무슨 건물이에요?

근정전인데 임금의 즉위식이나 대례가 거행되었던 곳이에요.

유미는 건물에 대해서 물어봅니다.

여기는 경회루라고 연회를 열었던 곳이에요.

연못 안에 있어서 정말 아름다워요.

수희는 경회루에 안내합니다.

매일 흥례문 앞에서 수문장 교대식을 해요.

수문장 교대식을 보고 싶어요. 언제 해요?

10시부터 3시까지 정시에 해요.

이따가 우리 꼭 보러 가요.

수희는 수문장 교대식에 대해서 이야기 합니다.

마음에 드는 거 있어요?

네, 예쁜 게 많아요. 이 핸드폰고리 친구들한테 선물해야겠어요.

유미는 기념품 가게 가서 친구들 선물을 고릅니다.

◇저기 보이는 건물이 무슨 건물이에요?
あそこに見える建物はなんの建物ですか？

●매일 흥례문 앞에서 수문장 교대식을 해요.
毎日、興礼門の前で、守門将交代式が行われます。

●10시부터 3시까지 정시에 해요.
10時から3時まで定時に行われます。

◇이따가 우리 꼭 보러 가요.
あとで私たち、必ず見に行きましょう。

●마음에 드는 거 있어요?
気に入ったものはありますか？

◇이 핸드폰고리 친구들한테 선물해야겠어요.
この携帯ストラップを友達にプレゼントしなくちゃ。

관광 觀光

1 경복궁에서

2-Track 12

STEP 2　今度はユミになって、景福宮での会話をしてみましょう。

유미 씨, 경복궁에 가 봤어요?

수희가 경복궁을 가 봤는지 묻습니다.

옛날에 임금님이 살았던 대궐이에요.

수희가 경복궁에 대해서 물어봅니다.

유미 씨, '궁'이라는 드라마 봤어요?

그 드라마도 경복궁에서 찍었어요.

'궁'이라는 드라마에 대해서 이야기합니다.

어른 둘이요.

6천원입니다.

입장권을 삽니다.

観光地で役立つ表現を覚えましょう。
応用表現
2-Track 13

◇입장료는 얼마예요?
　入場料はいくらですか。

◇일본어 팸플릿 주세요.
　日本語のパンフレットをください。

◇여기가 뭐 하는 곳이에요?
　ここは何をするところですか？

◇이 앞에서 사진을 찍어 주세요.
　この前で写真を撮ってください。

◇기념품 가게는 어디에 있어요?
　お土産屋はどこにありますか？

◇그림엽서 1장 주세요.
　絵はがき、1枚ください。

제 7 장 １ 2-Track 12

여기는 경회루라고 연회를 열었던 곳이에요.

근정전인데 임금의 즉위식이나 대례가 거행되었던 곳이에요.

유미는 건물에 대해서 물어봅니다.

수희는 경회루에 안내합니다.

매일 흥례문 앞에서 수문장 교대식을 해요.

마음에 드는 거 있어요?

10시부터 3시까지 정시에 해요.

수희는 수문장 교대식에 대해서 이야기합니다.

유미는 기념품 가게 가서 친구들 선물을 고릅니다.

- ●들어가지 마십시오.
  入らないでください。

- ●만지지 마십시오.
  触らないでください。

- ◇기념사진을 찍는 데 얼마입니까?
  記念写真を撮るにはいくらかかりますか？

- ●우편으로 보내 드리겠습니다.
  郵送させていただきます。

- ◇한국 전통 의상을 입고 사진을 찍고 싶어요.
  韓国の伝統衣装を着て写真を撮りたいです。

관광　観光

1

景福宮（キョンボックン）で

[イラスト1] スヒが景福宮に行ったことがあるか尋ねます。
 スヒ ：ユミさん、景福宮に行ってみましたか？
 ユミ ：いいえ、行ったことがありません。

[イラスト2] ユミが景福宮について尋ねます。
 ユミ ：どんなところですか？
 スヒ ：昔、王様が暮らしていた宮殿です。

[イラスト3] 「宮（クン）」というドラマについて話します。
 スヒ ：ユミさん、「宮」というドラマを見ましたか？
 ユミ ：ええ、とても面白く見ました。
 スヒ ：あのドラマも景福宮で撮影したんですよ。

[イラスト4] 入場券を買います。
 スヒ ：大人二人です。
 職員 ：6,000ウォンです。

[イラスト5] ユミは建物について尋ねます。
 ユミ ：あそこに見える建物はなんの建物ですか？
 スヒ ：勤政殿（クンジョンジョン）といって王様の即位式や儀式などが執り行われた所です。

[イラスト6] 友達は慶会楼に案内します。
 スヒ ：ここは慶会楼（キョンフェル）といって宴会を開いたところです。
 ユミ ：池の中にあって、とても美しいです。

[イラスト7] 友達は守門将交代式について話します。
 スヒ ：毎日、興礼門（フンネムン）の前で、守門将交代式が行われます。
 ユミ ：守門将交代式を見たいです。いつ行いますか？
 スヒ ：10時から3時まで定時に行われます。
 ユミ ：あとで私たち、必ず見に行きましょう。

[イラスト8] ユミはお土産屋に入って行って友達のお土産を選びます。
 スヒ ：気に入ったものはありますか？
 ユミ ：ええ、かわいいものがたくさんあります。
   この携帯ストラップを友達にプレゼントしなくちゃ。

Information

ソウルの人気エリア

韓国人に人気があり、最近の流行が見られるエリアを紹介します。
- 三清洞（サムチョンドン）キル：伝統韓屋を改造したカフェやアートショップなどがあり、トレンドと伝統がミックスした通りです。
- 新紗洞（シンサドン）カロスギル：モダンかつアンティークを感じさせる並木道。セレクトショップ、アンティークを扱う雑貨店やインテリアショップが軒を並べています。
- 弘大（ホンデ）：弘大は芸術と若者の街です。流行の一歩先を行き、新たなトレンドを作り上げるアーティストが多く住んでいます。音楽やダンス好きの若者が集まるクラブも多く、アンダーグラウンド文化のメッカです。
- 北村韓屋村（プクチョンハノクマウル）：ソウルの600年の歴史と共に生きてきた伝統的な韓屋が集まっています。

ボキャブラリー

관광객	観光客	그림엽서	絵はがき
여행사	旅行社	박물관	博物館
구경하다	見物する	미술관	美術館
입장료	入場料	가이드북	ガイドブック
어른	大人	음성가이드	音声ガイド
어린이	子供	관광안내소	観光案内所
건축	建築	팸플릿	パンフレット
지붕	屋根	도우미 / 자원봉사자	ボランティア
선물	プレゼント		
기념품	記念品		

2 춘천 남이섬에서 春川(チュンチョン)南怡島(ナミソム)で 2-Track 14

STEP 1 ドラマ『冬のソナタ』の撮影場所だった南怡島でのシーンです。まず CD を聴いてみましょう。

여기서 남이섬까지 어떻게 가야 돼요?

택시나 시내버스로 남이섬 선착장까지 가셔서 배를 타시면 됩니다.

관광안내소에서 남이섬에 가는 방법을 물어봅니다.

여기가 드라마에서 눈사람 만들었던 장소네요.

아, 맞아요.

드라마에서 나온 장소를 둘러봅니다.

입장료에 왕복 뱃값이 포함되어 있네요.

그래요? 잘 됐네요.

입장료에 왕복 뱃값이 포함되어 있습니다.

우리 여기서 같이 사진 찍을까요?

그래요.

유미가 같이 사진을 찍자고 합니다.

重要表現を覚えましょう。
キーセンテンス

◇여기서 남이섬까지 어떻게 가야 돼요?
ここから南怡島までどう行けばいいですか？

●택시나 시내버스로 남이섬 선착장까지 가셔서 배를 타시면 됩니다.
タクシーか市内バスでナミソム船着場まで行って、船に乗ればいいです。

◇입장료에 왕복 뱃값이 포함되어 있네요.
入場料に往復渡船料が含まれているんですね。

◇우리 여기서 같이 사진 찍을까요?
私たち、ここで一緒に写真撮らない？

제7장 ② 2-Track 14

저, 사진 좀 찍어 주시겠습니까?

자, 찍습니다. 하나, 둘, 셋, 김치.

유미는 지나가는 사람에게 사진을 찍어 달라고 부탁합니다.

여기 경치가 너무 아름다워요.

남이섬은 가족들도 많이 오지만, 연인들이 데이트하러 많이 오는 곳이에요.

유미는 경치가 아름답다고 합니다.

유미 씨, 자전거 탈 줄 알아요?

이 숲길에서 자전거 탈까요?

물론이죠, 왜요?

정말 재미있겠네요.

수희는 유미에게 자전거를 타자고 합니다.

◇ 저, 사진 좀 찍어 주시겠습니까?
  あの、写真をちょっと撮っていただけませんか？

● 자, 찍습니다. 하나, 둘, 셋, 김치.
  では、撮りますよ。いち、に、さん、キムチ。

◇ 여기 경치가 너무 아름다워요.
  ここ、景色が美しいわね。

◇ 자전거 탈 줄 알아요?
  自転車に乗れますか？

◇ 정말 재미있겠네요.
  とてもおもしろそうね。

2 춘천 남이섬에서

2-Track 15

STEP 2   今度はユミになって、南怡島での会話をしてみましょう。

택시나 시내버스로 남이섬 선착장까지 가셔서 배를 타시면 됩니다.

관광안내소에서 남이섬에 가는 방법을 물어봅니다.

입장료에 왕복 뱃값이 포함되어 있네요.

입장료에 왕복 뱃값이 포함되어 있습니다.

아, 맞아요.

드라마에서 나온 장소를 둘러봅니다.

그래요.

유미가 같이 사진을 찍자고 합니다.

観光地で役立つ表現を覚えましょう。
応用表現
2-Track 16

◇이 입장권으로 전부 볼 수 있어요?
この入場券で全部見られますか？

◇여기서 사진 찍어도 됩니까?
ここで写真を撮ってもいいですか？

◇예쁘게 찍어 주세요.
きれいに撮ってください。

●여기서 촬영하면 안됩니다.
ここで撮影をしてはいけません。

◇식당은 어디에 있어요?
食堂はどこにありますか？

◇자전거 빌리는 데 어디 있습니까?
自転車を借りるところはどこにありますか？

자, 찍습니다. 하나, 둘, 셋, 김치.

유미는 지나가는 사람에게 사진을 찍어 달라고 부탁합니다.

남이섬은 가족들도 많이 오지만, 연인들이 데이트하러 많이 오는 곳이에요.

유미는 경치가 아름답다고 합니다.

유미 씨, 자전거 탈 줄 알아요?

이 숲길에서 자전거 탈까요?

수희는 유미에게 자전거를 타자고 합니다.

- ●출구 옆에 화장실이 있습니다.
  出口のそばにトイレがあります。

- ◇보트 탈래요?
  ボートに乗りますか？

- ◇여기서 담배 피워도 됩니까?
  ここでタバコを吸ってもいいですか？

- ◇춘천 명물이 뭐예요?
  春川名物は何ですか？

- ●닭갈비가 유명해요.
  タッカルビ（鶏肉の辛味炒め）が有名です。

2

春川（チュンチョン）南怡島（ナミソム）で

[イラスト1] 観光案内所で南怡島に行く方法を尋ねます。
 ユミ ：ここから南怡島までどう行けばいいですか？
 職員 ：タクシーか市内バスでナミソム船着場まで行って、船に乗ればいいです。

[イラスト2] 入場料に往復渡船料が含まれています。
 スヒ ：入場料には往復渡船料が含まれています。
 ユミ ：そうですか？　よかったわね。

[イラスト3] ドラマに出た場所を見ます。
 ユミ ：ここがドラマで雪だるまを作った場所ね。
 スヒ ：あ、そうだ。

[イラスト4] ユミは一緒に写真を撮ろうといいます。
 ユミ ：私たち、ここで一緒に写真撮らない？
 スヒ ：ええ、そうしましょう。

[イラスト5] ユミは通りがかりの人に写真を撮ってくれと頼みます。
 ユミ ：あの、写真をちょっと撮っていただけませんか？
 通行人 ：では、撮りますよ。いち、に、さん、キムチ。

[イラスト6] ユミは景色が美しいといいます。
 ユミ ：ここ、景色が美しいわね。
 スヒ ：ナミソムは家族連れもたくさん来るけれど、恋人たちもデートしにたくさん来るところなのよ。

[イラスト7] スヒはユミに自転車に乗ろうといいます。
 スヒ ：ユミさん、自転車に乗れますか？
 ユミ ：もちろんよ、どうして？
 スヒ ：ここの並木道で自転車に乗りませんか？
 ユミ ：とてもおもしろそうね。

Information

済州（チェジュ）島オルレキル

　済州島はユネスコ世界自然遺産に登録された韓国を代表する観光地として、外国人だけではなく、多くの韓国人が訪ねるところです。

　済州オルレキルは、済州の知られてない美しい道、歩きやすい道を歩くウォーキングコースです。オルレとは済州の方言で大通りから家の入口までの小路という意味です。済州オルレの魅力は海岸や民家、山などの美しい自然を身近に感じられるところにあります。

　オルレキルは全部で14コースあり、忙しい日常生活や観光地巡りから少し離れて、ゆっくり歩きながら美しい済州の自然を楽しんではいかがでしょう。

ボキャブラリー

유원지	遊園地	입구	入口
테마파크	テーマパーク	출구	出口
놀이기구	乗り物	출입금지	立入禁止
개장 / 폐장 시간	開園 / 閉園時間	기념 사진	記念写真
선착장	船着場	재입장불가	再入場不可
안내데스크	案内デスク	지도	地図
만남의 장소	待ち合わせ場所		
배	船		
숲	森		
관람 시간	観覧時間		

3 찜질방에서 チムジルバン（韓国式サウナ）で　2-Track 17

STEP 1　チムジルバンでのシーンです。まず CD を聴いてみましょう。

두 사람이요.

2 만 원입니다. 여기 수건하고 가운, 키 있습니다.

유미는 카운터에서 돈을 지불하고 키를 받습니다.

때밀이하고 마사지도 받고 싶은데요.

마사지는 얼굴 마사지하고 발 마사지, 전신 마사지가 있는데요.

때밀이와 전신 마사지를 받으려고 합니다.

전신 마사지 시간이 어느 정도 걸립니까?

약 2 시간 정도 걸립니다.

마사지 시간을 물어봅니다.

돈은 지금 내야 됩니까?

때밀이는 직접 아줌마한테 지불하시고, 마사지는 키 번호 말씀하시고 나중에 지불하시면 됩니다.

유미는 지불에 대해서 물어봅니다.

🔑 重要表現を覚えましょう。 キーセンテンス

◇때밀이하고 마사지도 받고 싶은데요.
　アカスリとマッサージを受けたいんですが。

●마사지는 얼굴 마사지하고 발 마사지, 전신 마사지가 있는데요.
　マッサージは顔マッサージと足マッサージ、全身マッサージがありますが。

◇전신 마사지 시간이 어느 정도 걸립니까?
　全身マッサージはどのくらいかかりますか？

◇돈은 지금 내야 됩니까?
　お金は、今払えばいいですか？

●때밀이는 직접 아줌마한테 지불하시고, 마사지는 키 번호 말씀하시고 나중에 지불하시면 됩니다.
　アカスリはアカスリのおばさんに直接払い、マッサージはキー番号をおっしゃって、あとで清算してください。

제7장 ③ 2-Track 17

너무 뜨거워요.

뜨거우니까 타올로 이렇게 몸을 감싸고 들어가야 돼요.

유미는 한증막에 들어가려고 합니다.

한국 찜질방에 가면 드라마에 나오는 것처럼 양머리하고, 삶은 계란 먹는 거 꼭 해 보고 싶었어요.

아줌마, 삶은 계란하고 식혜 둘 주세요.

유미 씨, 그 꿈이 이루어졌네요.

간식을 주문합니다.

아프시면 말씀해 주세요.

아니요, 너무 시원해요.

유미는 전신 마사지를 받습니다.

키 여기 있습니다.

전신 마사지 하셨지요? 8만원입니다.

유미는 카운터에 키를 반납합니다.

◇너무 뜨거워요.
熱すぎるわ。

●뜨거우니까 타올로 이렇게 몸을 감싸고 들어가야 돼요.
とても熱いので、タオルでこうして体を包んで入らなきゃだめよ。

◇삶은 계란하고 식혜 둘 주세요.
ゆで卵とシッケ（お米のジュース）、2つください。

◇한국 찜질방에 가면 드라마에 나오는 것처럼 양머리하고, 삶은 계란 먹는 거 꼭 해보고 싶었어요.
チムジルバンに行ったら韓国ドラマに出てきたように、ぜひヤンモリ（羊の帽子）をかぶって、ゆで卵を食べてみたかったんです。

●아프시면 말씀해 주세요.
痛かったら、おっしゃってください。

◇아니요, 너무 시원해요.
いいえ、とても気持ちいいです。

관광 観光

3 찜질방에서

2-Track 18

STEP 2　今度はユミになって、チムジルバンでの会話をしてみましょう。

2 만원입니다. 여기 수건하고 가운, 키 있습니다.

유미는 카운터에서 돈을 지불하고 키를 받습니다.

마사지는 얼굴 마사지하고 발 마사지, 전신 마사지가 있는데요.

때밀이와 전신 마사지를 받으려고 합니다.

약 2 시간 정도 걸립니다.

마사지 시간을 물어봅니다.

때밀이는 직접 아줌마한테 지불하시고, 마사지는 키 번호 말씀하시고 나중에 지불하시면 됩니다.

유미는 지불에 대해서 물어봅니다.

チムジルバンで役立つ表現を覚えましょう。

応用表現
2-Track 19

◇전신 마사지 부탁합니다.
全身マッサージをお願いします。

◇너무 아파요.
とても痛いです。

◇아주 시원해요.
とても気持ちいいです。

◇너무 뜨거워서 못 참겠어요.
熱すぎて我慢できません。

◇가운은 어디에 두면 돼요?
ガウンはどこに置けばいいですか？

◇샴푸, 린스는 있어요?
シャンプーとリンスはありますか？

제 7 장 ③ 2-Track 18

아줌마, 삶은 계란하고 식혜 둘 주세요.

뜨거우니까 타올로 이렇게 몸을 감싸고 들어가야 돼요.

유미는 한증막에 들어가려고 합니다.

유미 씨, 그 꿈이 이루어졌네요.

간식을 주문합니다.

아프시면 말씀해 주세요.

유미는 전신 마사지를 받습니다.

전신 마사지 하셨지요? 8만원입니다.

유미는 카운터에 키를 반납합니다.

◇ 물이 너무 차가워요 / 뜨거워요.
　水がとても冷たいです / 熱いです。

● 여기 똑바로 누우세요.
　ここに仰向けになってください。

● 돌아 누우세요.
　うつ伏せになってください。

◇ 때 밀어 주세요.
　アカスリをお願いします。

관광 觀光

3

チムジルバン（韓国式サウナ）で

イラスト1 ユミはカウンターでお金を払って、キーをもらいます。
  ユミ ：大人2人です。
  カウンター ：20,000ウォンです。タオルとガウンとキーをどうぞ。

イラスト2 アカスリと全身マッサージを受けようとします。
  ユミ ：アカスリとマッサージを受けたいんですが。
  カウンター ：マッサージは顔マッサージと足マッサージ、全身マッサージがありますが。

イラスト3 マッサージ時間を尋ねます。
  ユミ ：全身マッサージはどのくらいかかりますか？
  カウンター ：約2時間ぐらいかかります。

イラスト4 ユミは支払いについて尋ねます。
  ユミ ：お金は、今払えばいいですか？
  カウンター ：アカスリはアカスリのおばさんに直接払い、マッサージはキー番号をおっしゃって、あとで清算してください。

イラスト5 ユミは汗蒸幕（ハンジュンマク）に入ろうとします。
  ユミ ：熱すぎるわ。
  スヒ ：とても熱いので、タオルでこうして体を包んで入らなきゃだめよ。

イラスト6 間食を注文します。
  スヒ ：おばさん、ゆで卵とシッケ（お米のジュース）、2つください。
  ユミ ：チムジルバンに行ったら韓国ドラマに出てきたように、ぜひヤンモリ（羊の帽子）をかぶって、ゆで卵を食べてみたかったんです。
  スヒ ：ユミさんの夢が叶いましたね。

イラスト7 ユミは全身マサージを受けます。
  マッサージ師 ：痛かったら、おっしゃってください。
  ユミ ：いいえ、とても気持ちいいです。

イラスト8 ユミはカウンターにキーを返します。
  ユミ ：キー、お返しします。
  カウンター ：全身マッサージをなさいましたね。80,000ウォンです。

Information

チムジルバン（韓国式岩盤浴）

　韓国ではお風呂と汗蒸幕（ハンジュマク）など様々なサウナを楽しめる大型施設をチムジルバンといいます。普通の銭湯は男女が分かれて入りますが、チムジルバンでは専用服を着て、男女が一緒に過ごすスペースもあるので、家族や友達と一緒にくつろぐことができます。チムジルバンでデートをするカップルもよく見かけます。

　韓国ドラマ「내 이름은 김삼순（私の名前はキム・サムスン）」の中で、キム・サンスンがタオルを羊の頭（양머리、ヤンモリ）のようにして頭にかぶって以後、ヤンモリは韓国特有のチムジルバンスタイルになっています。

　チムジルバンのおやつの定番はシッケ（식혜）とゆで卵（삶은 계란）です。休憩スペースでごろごろしながら食べたり、飲んだりします。

　サウナやチムジルバンでは別料金でアカスリを体験できます。大浴場にアカスリスペースがあり、テミリアジュンマ（때밀이 아줌마、熟年のアカスリおばさん）と言われるアカスリ専門のスタッフがしてくれます。ちょっと恥ずかしいですが、とても気持ちもいいので、試してみてはいかがでしょう。ヤミツキになる日本人も多いようです。

ボキャブラリー

韓国語	日本語	韓国語	日本語
찜질방	チムジルバン	차갑다	冷たい
여탕	女湯	샤워	シャワー
남탕	男湯	가운	ガウン
사우나	サウナ	마사지	マッサージ
때밀이	アカスリ	경락 마사지를 받다	つぼマッサージを受ける
수건	タオル	시원하다	気持ちいい
냉탕	冷湯	아프다	痛い
온탕	温湯	눕다	横になる
한증막	汗蒸幕	주무르다	もむ
뜨겁다	熱い	두드리다	たたく

イラスト単語　찜질방〈チムジルバン〉

- 마사지실　マッサージ室
- 식당　食堂
- 냉탕　水風呂
- 거울　鏡
- 의자　椅子
- 때밀이수건　アカスリタオル
- 한증막　汗蒸幕
- 사우나　サウナ
- 수건 / 타올　タオル
- 양머리　ヤンモリ（羊の頭）
- 남탕　男湯
- 여탕　女湯
- 로커　ロッカー
- 드라이기　ドライヤー
- 카운터　カウンター
- 탈의실　脱衣室
- 목욕탕　銭湯

音韻規則（3） 2-Track 20

(3) リエゾン

リンキングと混同しやすい音韻規則にリエゾンがあります。

① 音韻規則(1)の「音韻規則の説明によく使われる表現」でも書きましたが、リエゾンは二つの語の間で起きる発音現象で、前の語の最終音節にパッチムがあり、後ろの語の第一音節に初声がなく中声が이と이先行母音（야／여／요／유／애／예）の場合に起こります。リエゾンは前の語のパッチムが後ろの語の初声として発音されるのではなく、이と이先行母音の初声として〈ㄴ[n]〉が挿入されます。

논일	田の仕事	논＋ㄴ＋일〔논닐 nonnil〕
솜이불	綿布団	솜＋ㄴ＋이불〔솜니불 so:mnibul〕
가랑잎	枯れ葉	가랑＋ㄴ＋잎〔가랑닙 karaŋnip〕

② 前の語が〈ㄹ〉パッチムで終わっている場合は、リエゾンと同時に流音化が起こります。(6) ㄴの流音化を参照してください。

| 서울역　ソウル駅 |
| 서울＋역 → 서울＋ㄴ＋역 → 서울녁 → 서울력〔서울력 soullyʌk〕 |
| 열일곱　17 |
| 열＋일곱 → 열＋ㄴ＋일곱 → 열닐곱 → 열릴곱〔열릴곱 yollilgop〕 |

③ 前の語が〈ㅂㄷㄱ〉とこれらを代表音にするパッチムで終わっている場合、後ろの語の第一音節の初声に〈ㄴ〉が挿入されることにより、パッチムは有声化します。

前にも書きましたが①と⑤、②と⑥、③と⑦とは非常に深い関係があります。⑤⑥⑦のパッチムは次の初声が〈ㄴ／ㅁ〉ですと有声化して⑤→①、⑥→②、⑦→③で発音されます。

앞일	未来のこと	앞＋일 → 앞＋ㄴ＋일 → 압닐 → 암닐〔암닐 amnil〕
꽃잎	花びら	꽃＋잎 → 꽃＋ㄴ＋잎 → 끋닢 → 끈닙〔끈닙 k'onnip〕
수학여행	修学旅行	수학＋여행 → 수학＋ㄴ＋여행 → 수학녀행 → 수항녀행〔수항녀행 suhaŋnyʌhɛŋ〕

④ リエゾンは上に挙げたほかにも起こる場合があります。

文章を音読する場合、分かち書きにあわせて音を切って読むわけではありませんから音韻変化はよく起こります。

하는 일	하는＋일 → 하는＋ㄴ＋일 → 하는닐〔하는닐 hanɯnnil〕
옷 입는다	옷＋입는다 → 옷＋ㄴ＋입는다 → 온＋닙는다 → 온님는다〔온님는다 onnimnɯnda〕
못 잊어	못＋잊어 → 못＋ㄴ＋잊어 → 몯닞어 → 몬니저〔몬니저 mo:nniʥʌ〕

(4) 平音の濃音化（その2）・激音化

(1) でも説明したように、平音〈ㄱㄷㅂㅈ〉は清音と濁音で発音されますが、更に濃音と激音で発音されることがあります。〈ㅅ〉も濃音で発音されることがあります。

① 平音の濃音化（その2）

パッチム〈ㅂㄷㄱ〉とこれらを代表音とするパッチムの次の初声が平音〈ㄱㄷㅂㅈㅅ〉の場合、平音〈ㄱㄷㅂㅈㅅ〉は濃音化します。

답장〔답짱 taᵖtʃaŋ〕	잎과〔입꽈 iᵖk'wa〕	
돋보기〔돋뽀기 toᵗp'ogi〕	빗도〔빋또 piᵗt'o〕	빛과〔빋꽈 piᵗk'wa〕
국도〔국또 kuᵏt'o〕	삯도〔삭또 saᵏt'o〕	흙도〔흑또 huᵏt'o〕

② 平音の激音化

平音〈ㄱㄷㅂㅈ〉と〈ㅎ〉とが隣り合わせになると平音〈ㄱㄷㅂㅈ〉は激音〔ㅋㅌㅍㅊ〕で発音されます。〈ㅅ〉と〈ㅎ〉、〈ㅎ〉と〈ㅅ〉とが隣り合わせになると、ㅅ＋ㅎ→〔ㅌ〕、ㅎ＋ㅅ→〔ㅆ〕で発音されます。

韓国語には하다動詞、하다形容詞がたくさんあるので平音の激音化に注意しましょう。

ㄱ＋ㅎ → 〔ㅋ〕	약속하다〔약쏘카다 yaks'okʰada〕
ㅎ＋ㄱ → 〔ㅋ〕	그렇게〔그러케 kɯrɔkʰe〕
ㅂ＋ㅎ → 〔ㅍ〕	연습하다〔연:스파다 yɔ:nsɯpʰada〕
ㅎ＋ㅂ → 〔ㅍ〕	넓히다〔널피다 nɔlpʰida〕
ㅈ＋ㅎ → 〔ㅊ〕	잊혀지다〔이쳐지다 itʃʰɔdʑida〕
ㅎ＋ㅈ → 〔ㅊ〕	좋지〔조:치 tʃo:tʃʰi〕
ㄷ＋ㅎ → 〔ㅌ〕	닫히다〔다티다 → （口蓋音化） 다치다 tatʃʰida〕
ㅎ＋ㄷ → 〔ㅌ〕	좋다〔조:타 tʃo:tʰa〕
ㅅ＋ㅎ → 〔ㅌ〕	따뜻하다〔따뜨타다 t'at'ɯtʰada〕
ㅎ＋ㅅ → 〔ㅆ〕	좋습니다〔조:씀니다 tʃo:s'ɯmnida〕

제 8 장 (第8章)

2-Track 21-36

만남　　　　　　　　　　　人と会う

---

1. 만날 약속　　　　　待ち合わせの約束
2. 친구와의 만남　　　友人と会う
3. 친구와 지냄　　　　友人と過ごす
4. 당일치기 여행 계획　日帰り旅行計画
5. 방문　　　　　　　　訪問

1 만날 약속 待ち合わせの約束

2-Track 21

STEP 1　友人との待ち合わせの約束のシーンです。まず CD を聴いてみましょう。

여보세요, 저 유미예요. 안녕하세요?

어머, 유미 씨? 안녕하세요? 오래간만이에요.

유미는 미연이의 핸드폰에 전화합니다.

저, 지금 서울에 와 있어요. 어제 오후에 왔거든요.

정말요? 호텔이 어디예요?

유미는 서울에 와 있는 것을 말합니다.

인사동 근처에 있는 서울호텔이에요. 알아요?

네, 알고 말고요.

유미는 미연이에게 호텔을 알려 줍니다.

누구랑 왔어요?

혼자 왔어요. 미연 씨랑 같이 지내고 싶어서요.

미연이는 누구와 같이 왔는지 물어봅니다.

重要表現を覚えましょう。
キーセンテンス

● 어머, 유미 씨? 오래간만이에요.
　まあ、ユミさん？ お久しぶりです。

◇ 저, 지금 서울에 와 있어요.
　私、今、ソウルに来てるのよ。

◇ 어제 오후에 왔거든요.
　昨日の午後来たの。

● 정말요? 호텔이 어디예요?
　本当ですか？ ホテルはどこですか？

● 네, 알고 말고요.
　ええ、知ってますとも。

● 누구랑 왔어요?
　だれとご一緒に？

◇ 혼자 왔어요. 미연 씨랑 같이 지내고 싶어서요.

180

제 8 장 ① 2-Track 21

언제까지 있을 예정이에요?

실은 부산에 볼일이 있어서 23일에 부산에 갔다가 24일 저녁 비행기로 돌아갈 예정이에요.

미연이는 언제까지 머무를 건지 물어봅니다.

이번 여행 목적이 뭐예요?

맛있는 거 먹고, 영화 보고, 쇼핑하고, 천천히 시내 구경을 하고 돌아갈 생각이에요. 그리고 한국말을 많이 써 보려고요.

미연이는 여행 목적을 물어봅니다.

미연 씨는 언제 시간이 있어요? 같이 돌아다니고 싶어요.

저는 언제든지 시간이 있어요.

유미는 같이 지낼 시간이 있는지 물어봅니다.

그럼, 내일 10시에 호텔 1층에 있는 커피숍에서 만날까요?

좋아요. 빨리 보고 싶어요.

유미와 미연이는 내일 호텔에서 만날 약속을 합니다.

一人で来たのよ。ミヨンさんと一緒に過ごしたくて。

● 언제까지 있을 예정이에요?
いつまでいる予定ですか？

● 이번 여행 목적이 뭐예요?
今回の旅行の目的は何ですか？

◇ 미연 씨는 언제 시간이 있어요?
ミヨンさんはいつ時間がありますか？

● 저는 언제든지 시간이 있어요.
私はいつでも大丈夫です。

◇ 그럼, 내일 10시에 호텔 1층에 있는 커피숍에서 만날까요?
それじゃ、明日、10時にホテルの1階にあるコーヒーショップで会いましょうか？

● 좋아요. 빨리 보고 싶어요.
いいわよ。早く会いたいわ。

1 만날 약속

2-Track 22

STEP 2　今度はユミになって、待ち合わせの約束をしてみましょう。

어머, 유미 씨? 안녕하세요? 오래간만이에요.

유미는 미연이의 핸드폰에 전화합니다.

정말요? 호텔이 어디예요?

유미는 서울에 와 있는 것을 말합니다.

네, 알고 말고요.

유미는 미연이에게 호텔을 알려 줍니다.

누구랑 왔어요?

미연이는 누구와 같이 왔는지 물어봅니다.

💡 待ち合わせの約束をする際に役立つ表現を覚えましょう。

応用表現
2-Track 23

◇반갑습니다.
(お会いできて) 嬉しいです。

◇혼자 / 둘이서 / 셋이서 왔어요.
1人で / 2人で / 3人で来ました。

● 어떻게 오셨습니까?
どのように (どんな用件で / どんな方法で) 来られましたか?

◇회사 일로 / 관광으로 왔어요.
会社の仕事で / 観光で来ました。

◇내일 / 오후에 / 지금 시간이 있으세요?
明日 / 午後 / 今、お時間ありますか?

언제까지 있을 예정이에요?

이번 여행 목적이 뭐예요?

미연이는 언제까지 머무를 건지 물어봅니다.

미연이는 여행 목적을 물어봅니다.

저는 언제든지 시간이 있어요.

좋아요. 빨리 보고 싶어요.

유미는 같이 지낼 시간이 있는지 물어봅니다.

유미와 미연이는 내일 호텔에서 만날 약속을 합니다.

◇언제 어디서 만날까요?
　いつどこで会いましょうか？

●지난번에 만난 데에서 만납시다.
　この前会った所で会いましょう。

◇약속 잊지 마세요.
　約束を忘れないでください。

●약속 시간에 늦지 않겠습니다.
　約束時間に遅れないようにします。

●일찍 가서 기다리겠습니다.
　早めに行ってお待ちしています。

1

待ち合わせの約束

イラスト1　ユミはミヨンの携帯に電話します。
　　　　ユミ　　：もしもし、私、ユミです。こんにちは。
　　　　ミヨン　：まあ、ユミさん？　こんにちは。お久しぶりです。

イラスト2　ユミはソウルに来ていることを話します。
　　　　ユミ　　：私、今、ソウルに来てるのよ。昨日の午後来たの。
　　　　ミヨン　：本当ですか？　ホテルはどこですか？

イラスト3　ユミはミヨンにホテルを教えます。
　　　　ユミ　　：仁寺洞（インサドン）の近くにあるソウルホテルよ。
　　　　　　　　　知ってますか？
　　　　ミヨン　：ええ、知ってますとも。

イラスト4　ミヨンはだれと来たか尋ねます。
　　　　ミヨン　：だれとご一緒に？
　　　　ユミ　　：一人で来たのよ。ミヨンさんと一緒に過ごしたくて。

イラスト5　ミヨンはいつまで滞在するか尋ねます。
　　　　ミヨン　：いつまでいる予定ですか？
　　　　ユミ　　：実は、釜山に用があるので23日に釜山に行って、24日の夕方
　　　　　　　　　の便で帰る予定よ。

イラスト6　ミヨンは旅行目的を尋ねます。
　　　　ミヨン　：今回の旅行の目的は何ですか？
　　　　ユミ　　：おいしい物を食べて、映画を観て、買い物をして、ゆっくり市
　　　　　　　　　内見物をして帰るつもりです。それから韓国語をたくさん使っ
　　　　　　　　　てみようと思ってね。

イラスト7　ユミは一緒に過ごす時間はあるか尋ねます。
　　　　ユミ　　：ミヨンさんはいつ時間がありますか？　一緒にぶらつきたいわ。
　　　　ミヨン　：私はいつでも大丈夫です。

イラスト8　ユミとミヨンは明日ホテルで会う約束をします。
　　　　ユミ　　：それじゃ、明日、10時にホテルの1階にあるコーヒーショップ
　　　　　　　　　で会いましょうか？
　　　　ミヨン　：いいわよ。早く会いたいわ。

Information

手土産

　友人宅を訪問する予定があれば、手土産に日本のものを用意して行くといいでしょう。

　日本からの手土産には何がいいでしょうね。私の友人たちは「削り節が欲しい」「素敵なストッキングが欲しい」「玄米茶が欲しい」と先に要求してくれます。かさばらなくて軽い物ばかりで助かります。こちらのことを思ってくれてのことでしょう。私も韓国からの土産には海苔を買うことが多いですから、やっぱりかさばらなくて軽くて、食べ物なら日持ちするものがいいですね。

　しかし予想だにしていなかったお招きの機会に恵まれることもあります。韓国では知人や友人を自宅に招いて、食事をもてなすことがよくあります。招待された側は手土産に何を持って行くのでしょうか？

　韓国には老舗和菓子屋の○○饅頭とか、○○煎餅というものがほとんどありません。デパートの地下の食品売り場に行ってみると伝統的なものとしては餅類や油で揚げた薬果、カンジョンなどが並んでいますが、普段の手土産としてはあまり使われていないようです。韓国の人は紙パック入りのジュースや果物を手土産に携えていくことが多いようです。訪問先でも出てくるのは、飲み物なら緑茶よりもコーヒー、食べ物なら菓子類よりも果物が断然多いのは、お茶とお菓子を楽しむ習慣がないからでしょう。韓国人に和菓子を見せるとたいてい"떡"（餅）とか"빵"（パン）と言います。饅頭に似た音の「まんどぅ（만두）」は餃子のことです。

　予想だにしていなかった、お招きの機会に恵まれたら韓国の人のように紙パック入りのジュースや果物を手土産にすれば無難です。因みに韓国語では贈り物もお土産もソンムル（선물 膳物）と言います。

ボキャブラリー

오래간만	久しぶり	약속	約束
지난번	先回	돌아다니다	歩き回る
자기	自分	혼자서 / 둘이서 / 셋이서	一人で / 二人で / 三人で
목적	目的	어제	昨日
시내 구경	市内見物	그저께	おととい
누구하고 / 누구랑	誰と	그끄저께	さきおととい
지내다	過ごす	오늘	今日
잊다	忘れる	내일	明日
반갑다	嬉しい	모레	明後日
댁 / 집	お宅（「家」の敬語形）/ 家	글피	しあさって

2 친구와의 만남 友人と会う

2-Track 24

STEP 1 友人との再会シーンです。まず CD を聴いてみましょう。

> 안녕하세요? 유미 씨, 늦어서 미안합니다.

> 안녕하세요? 저도 지금 방금 왔어요. 앉으세요.

유미와 미연이가 커피숍에서 재회합니다.

> 잘 오셨어요. 서울은 얼마 만이에요?

> 1년 반 만에 왔어요.

유미와 미연이는 재회를 서로 반가워합니다.

> 서울에서 5박 6일이면 시간이 넉넉하네요.

> 미연 씨하고 한국말로 이야기를 나누고 싶어서 시간을 넉넉히 잡았어요.

유미와 미연이는 시간적인 여유를 확인합니다.

> 지난 번에 만났을 때보다 한국말 실력이 많이 느는 것 같아요.

> 정말요? 매일 한국 드라마를 보고 공부하고 있거든요.

미연이는 그 동안 유미의 한국말 실력이 많이 느는 것을 칭찬합니다.

🗝 重要表現を覚えましょう。
キーセンテンス

● 늦어서 미안합니다.
　遅くなってごめんなさい。

◇ 저도 지금 방금 왔어요.
　私もたった今、来たばかりよ。

● 잘 오셨어요.　서울은 얼마 만이에요?
　ようこそ。ソウルは何年ぶりですか。

◇ 1년 반 만에 왔어요.
　1年半ぶりに来ました。

● 지난 번에 만났을 때보다 한국말 실력이 많이 느는 것 같아요.
　この前会った時よりも、韓国語、うーんと上達したみたいよ。

◇ 정말요? 매일 한국 드라마를 보고 공부하고 있거든요.
　ホント？ 毎日、韓国ドラマを見て勉強してるんです。

영화 볼래요? 연극 볼래요?

둘 다 보고 싶지만 이번에는 영화 볼래요.

미연이는 영화를 볼지 연극을 볼지 묻습니다.

뭐 먹고 싶어요?

많이 있는데 오늘 점심은 우선 자장면을 먹고 싶어요.

미연이는 먹고 싶은 것을 물어봅니다.

그럼, 거리를 좀 걷다가 점심을 먹고 그 후에 영화를 보는 게 어때요?

그게 좋겠네요.

미연이는 오늘의 스케줄에 대해 말합니다.

어떤 영화를 보고 싶어요?

한류 스타가 나오는 영화가 좋겠는데요.

그럴 줄 알았어요. 맡겨 주세요. 어제 다 알아봐 놓았으니까요.

미연이는 보고 싶은 영화를 물어봅니다.

- 영화 볼래요? 연극 볼래요?
  映画を観ますか？ 演劇を観ますか？

- 뭐 먹고 싶어요?
  何が食べたいですか？

- 그럼, 거리를 좀 걷다가 점심을 먹고 그 후에 영화를 보는 게 어때요?
  それじゃ、少し街を歩いてからお昼を食べて、その後、映画を観るのはどうですか？

◇ 그게 좋겠네요.
  それがいいわね。

- 어떤 영화를 보고 싶어요?
  どんな映画が観たいですか？

- 그럴 줄 알았어요. 맡겨 주세요. 어제 다 알아봐 놓았으니까요.
  そうだと思った。お任せください。昨日ちゃんと調べておいたから。

2 친구와의 만남

2-Track 25

STEP 2　今度はユミになって、友人との再会シーンをしてみましょう。

> 안녕하세요? 유미 씨, 늦어서 미안합니다.

> 잘 오셨어요. 서울은 얼마 만이에요?

유미와 미연이가 커피숍에서 재회합니다.

유미와 미연이는 재회를 서로 반가워합니다.

> 서울에서 5박 6일이면 시간이 넉넉하네요.

> 지난 번에 만났을 때보다 한국말 실력이 많이 는 것 같아요.

유미와 미연이는 시간적인 여유를 확인합니다.

미연이는 그 동안 유미의 한국말 실력이 많이 는 것을 칭찬합니다.

友人に会った際に役立つ表現を覚えましょう。
応用表現
2-Track 26

◇한국말로 뭐라고 해요?
韓国語で何と言いますか?

◇무슨 뜻이에요?
どういう意味ですか?

◇차 마시는 것보다 식사하는 게 어때요?
お茶よりも食事はいかがですか?

●발음이 어색하지 않아요. 자연스러워졌어요.
発音が不自然ではありません。滑らかになりました。

◇알아봐 주세요.
調べてください。

영화 볼래요? 연극 볼래요?

뭐 먹고 싶어요?

미연이는 영화를 볼지 연극을 볼지 묻습니다.

미연이는 먹고 싶은 것을 물어봅니다.

그럼, 거리를 좀 걷다가 점심을 먹고 그 후에 영화를 보는 게 어때요?

어떤 영화를 보고 싶어요?

그럴 줄 알았어요. 맡겨 주세요. 어제 다 알아봐 놓았으니까요.

미연이는 오늘의 스케줄에 대해 말합니다.

미연이는 보고 싶은 영화를 물어봅니다.

◇늦어서 / 기다리게 해서 / 몰라서 미안합니다.
遅れて / 待たせて / 知らなくてごめんなさい。

●어떤 영화 / 음식 / 색 / 사람
どんな映画 / 食べ物 / 色 / 人

●시간이 빠듯해요.
時間がぎりぎりです。

◇시간이 괜찮으세요?
お時間は大丈夫ですか？

◇배 고파 죽겠어요.
お腹が空いて死にそうです。

2

友人と会う

イラスト1 ユミとミヨンはコーヒーショップで再会します。
ミヨン　：こんにちは。ユミさん、遅くなってごめんなさい。
ユミ　　：こんにちは。私もたった今、来たばかりよ。おかけになって。

イラスト2 ユミとミヨンは再会を喜び合います。
ミヨン　：ようこそ。ソウルは何年ぶりですか？
ユミ　　：1年半ぶりに来ました。

イラスト3 ユミとミヨンは時間的余裕を確認します。
ミヨン　：ソウルで5泊6日なら、ゆっくりできるわね。
ユミ　　：ミヨンさんと韓国語で語り合いたくて、たっぷり時間をとりました。

イラスト4 ミヨンはユミの韓国語の上達を褒めます。
ミヨン　：この前会った時よりも、韓国語、うーんと上達したみたいよ。
ユミ　　：ホント？　毎日、韓国ドラマを見て勉強してるんです。

イラスト5 ミヨンは映画を観るか、演劇を観るかを尋ねます。
ミヨン　：映画を観ますか？　演劇を観ますか？
ユミ　　：両方観たいけれど、今回は映画にします。

イラスト6 ミヨンは食べたいものを尋ねます。
ミヨン　：何が食べたいですか？
ユミ　　：いっぱいあるけど、今日のお昼は、まず、ジャージャー麺（チャジャンミョン）が食べたいです。

イラスト7 ミヨンは今日のスケジュールについて話します。
ミヨン　：それじゃ、少し街を歩いてからお昼を食べて、その後、映画を観るのはどうですか？
ユミ　　：それがいいわね。

イラスト8 ミヨンは観たい映画を尋ねます。
ミヨン　：どんな映画が観たいですか？
ユミ　　：韓流スターの出ている映画がいいわ。
ミヨン　：そうだと思った。お任せください。昨日ちゃんと調べておいたから。

Information

直訳できない日本語

日本語にはいろいろな場面に役立つ「どうも」と「どうぞ」がありますが、韓国語にはこの二語にピッタリの語がありません。あると便利でしょうね。

1) A：お茶をどうぞ。"차 드세요."（お茶をお飲みください）
   B：これはどうも。"감사합니다."（ありがとうございます）
2) A：お客様、7,000ウォンです。"손님, 7,000 원입니다."
   B：はい、どうぞ。"네, 여기 있습니다."（はい、ここにあります）
3) A：こんにちは、お邪魔します。"안녕하십니까? 실례합니다."
   B：これはどうも。どうぞ、どうぞ。"어서 오십시오. 자 이쪽으로 앉으십시오."（ようこそ。さぁ、こちらにおかけください）

日本語と韓国語の表現の類似点と相違点を発見するのも韓国語上達に欠かせません。映画やドラマの字幕と聞こえてくる韓国語との差を見つけて習得していくのもおもしろいです。

ボキャブラリー

아까	さっき	이야기를 나누다	話し合う
조금 전에	少し前に	걷다	歩く
앞으로	これから先	제안하다	提案する
영화 / 연극	映画 / 演劇	칭찬하다	ほめる
극장	劇場 / 映画館	실력이 늘다	実力が上がる
서로	互いに	알아보다	調べてみる
무슨 뜻	どういう意味	빠지다	はまる
넉넉하다	豊かだ	괜찮다	大丈夫だ
맛있다 / 맛없다	おいしい / まずい	배가 고프다	空腹だ
재미있다 / 재미없다	おもしろい / おもしろくない	죽다	死ぬ
잘하다 / 잘 못하다	上手だ / 下手だ	기다리게 하다	待たせる
어떻다 / 그렇다	どうだ / そうだ	모르다	知らない / わからない

3 친구와 지냄 友人と過ごす

2-Track 27

STEP 1 同い年の親しい友人と過ごすシーンです。まず CD を聴いてみましょう。

저거 호떡이지? 먹고 싶어.

나도. 야채? 아니면 꿀?

두 개 다 먹고 싶어. 내가 살게.

호떡집이 유미의 눈에 띕니다.

아줌마, 이 복숭아하고 포도 얼마예요?

복숭아는 만 원에 8개고, 포도는 한 송이 2천 원이에요. 꿀맛이에요.

유미는 길거리에서 아주머니가 파는 과일을 사려고 합니다.

너무 비싸다! 아줌마, 복숭아 살 테니 좀 깎아 주세요.

아가씨가 외국 사람이라 싸게 해 드리는 거예요.

유미는 과일 값을 깎습니다.

진아야, 저 패널 앞에서 사진 찍고 싶어.

그래, 서 봐. 잘 어울려. 활짝 웃어봐. 찍을게.

유미는 한류 스타 실물 크기 패널 앞에서 사진을 찍고 싶어합니다.

重要表現を覚えましょう。 キーセンテンス

◇저거 호떡이지? 먹고 싶어.
あれ、ホットックね？ 食べたい。

◇내가 살게.
私がおごるわ。

◇이 복숭아하고 포도 얼마예요?
このモモとブドウ、いくらですか？

●꿀맛이에요.
甘いですよ。

◇저 패널 앞에서 사진 찍고 싶어.
あのパネルの前で写真撮りたい。

◇같이 걷지 않을래?
一緒に歩かない？

●그 길은 조용하고 정취가 있어서 산책하기에 안성맞춤이야.

제8장 ③

**덕수궁 돌담길 생각 안 나?
그 길 같이 걷지 않을래?**

**좋지. 그 길은 조용하고 정취가
있어서 산책하기에 안성맞춤이야.**

유미는 돌담길을 걷고 싶어집니다.

**1년 반 만에 서울에 왔는데
서울은 올 때마다 변해 가고 있어.**

**그렇지? 유미 덕분에 나도
오랜만에 서울 구경하네.**

유미는 변모해 가는 서울에 놀랍니다.

**나 인사동에서 액세서리
사고 싶은데.**

**거기 금속공예 전문점이 몇 군데
있으니까 마음에 드는 걸 살 수 있을
거야. 보면 나도 갖고 싶어질 거 같아.**

유미는 인사동에 있는 금속 공예품 가게가
생각 납니다.

피곤해. 빙수 먹으러 가자.

**그래. 나도 빙수 먹고 싶어.
많이 걸었더니 목이 말라.**

유미와 진아는 빙수를 먹고 싶어합니다.

あの道は静かで風情があって、散歩にもってこいよね。

◇1년 반 만에 서울에 왔는데 서울은 올 때마다 변해 가고 있어.
　1年半ぶりのソウルだけれど、ソウルは来るたびに変貌してる。

●그렇지. 유미 덕분에 나도 오랜만에 서울구경하네.
　そうなんだ。ユミのおかげで私も久しぶりにソウル見物ができるわ。

●마음에 드는 걸 살 수 있을 거야.
　気に入るものが買えると思うわ。

●보면 나도 갖고 싶어질 거 같아.
　見たら私も欲しくなりそう。

●피곤해. 빙수 먹으러 가자.
　疲れた。かき氷を食べに行こうよ。

◇많이 걸었더니 목이 말라.
　たくさん歩いたら、のどが渇いちゃった。

3 친구와 지냄

2-Track 28

STEP 2　今度はユミになって、同い年の親しい友人と話してみましょう。

나도. 야채? 아니면 꿀?

호떡집이 유미의 눈에 띕니다.

복숭아는 만 원에 8 개고, 포도는 한 송이 2 천 원이에요. 꿀맛이에요.

유미는 길거리에서 아주머니가 파는 과일을 사려고 합니다.

아가씨가 외국 사람이라 싸게 해 드리는 거예요.

유미는 과일 값을 깎습니다.

그래, 서 봐. 잘 어울려. 활짝 웃어봐. 찍을게.

유미는 한류 스타 실물 크기 패널 앞에서 사진을 찍고 싶어합니다.

お店で値切る際に役立つ表現を覚えましょう。

応用表現
2-Track 29

◇이 밤 어떻게 파세요?
　この栗、いくらですか（どのように売ってらっしゃいますか）？

◇5,000 원에 몇 개예요?
　5,000 ウォンで何個ですか？

● 너무 깎지 마세요.
　あんまり値切らないでください。

● 덤으로 하나 더 넣었어요.
　おまけに一つ余分に入れておきましたよ。

◇또 올게요. 많이 파세요.
　また来ますね。さようなら（たくさん、売ってください）。

좋지. 그 길은 조용하고 정취가 있어서 산책하기에 안성맞춤이야.

유미는 돌담길을 걷고 싶어집니다.

그렇지? 유미 덕분에 나도 오랜만에 서울 구경하네.

유미는 변모해 가는 서울에 놀랍니다.

거기 금속공예 전문점이 몇 군데 있으니까 마음에 드는 걸 살 수 있을 거야. 보면 나도 갖고 싶어질 거 같아.

유미는 인사동에 있는 금속 공예품 가게가 생각 납니다.

피곤해. 빙수 먹으러 가자.

유미와 진아는 빙수를 먹고 싶어합니다.

● 다음에 또 많이 팔아 주세요.
今度また、たくさん買ってくださいね (たくさん売ってやってくださいね)。

3 友人と過ごす

イラスト1 ホットック屋がユミの目にとまります。
　　ユミ　　：あれ、ホットックね？　食べたい。
　　チナ　　：私も。野菜？　それとも蜂蜜？
　　ユミ　　：両方食べたい。私がおごるわ。

イラスト2 ユミは道でおばさんが売っている果物を買おうとします。
　　ユミ　　：おばさん、このモモとブドウ、いくらですか？
　　おばさん：モモは10,000ウォンで8個、ブドウは1房2,000ウォンです。甘いですよ。

イラスト3 ユミは果物を値切ります。
　　ユミ　　：高すぎる！　おばさん、モモを買いますから、ちょっと負けてください。
　　おばさん：お嬢さんが外国人だから、安くしてあげてるのに。

イラスト4 ユミは韓流スターの等身大パネルの前で写真を撮りたがります。
　　ユミ　　：チナ、あのパネルの前で写真撮りたい。
　　チナ　　：うん。立ってみて。ピッタリね。にっこり笑ってみて。撮るわよ。

イラスト5 ユミは石垣に沿った道を歩きたくなります。
　　ユミ　　：徳寿宮（トクスグン）の石垣に沿った道、思い出さない？あの道、一緒に歩かない？
　　チナ　　：いいね。あの道は静かで風情があって、散歩にもってこいよね。

イラスト6 ユミはソウルの変貌に驚きます。
　　ユミ　　：1年半ぶりのソウルだけれど、ソウルは来るたびに変貌してる。
　　チナ　　：そうでしょう？　ユミのおかげで私も久しぶりにソウル見物ができるわ。

イラスト7 ユミは仁寺洞（インサドン）にある金属工芸品のお店を思い出します。
　　ユミ　　：私、仁寺洞でアクセサリーが買いたいんだけど。
　　チナ　　：あそこなら金属工芸専門店が何軒かあるから、気に入るものが買えると思うわ。見たら私も欲しくなりそう。

イラスト8 ユミとチナはかき氷を食べたがります。
　　チナ　　：疲れた。かき氷を食べに行こうよ。
　　ユミ　　：うん。私もかき氷食べたい。たくさん歩いたら、のどが渇いちゃった。

Information

ピビンパとパッピンス

　日本人の間で最も知名度の高い韓国料理といえばキムチ、プルゴギ、ピビンパでしょう。
　ピビンパ（비빔밥、混ぜ合わせて食べるご飯）はその名の如く、味付けされて彩りよく盛られたナムル（野菜の和え物）や肉やコチュジャン（唐辛子味噌）を全体が均一の味になるよう、しっかりと混ぜ合わせてから食べます。いい加減に混ぜ合わせているとお店の人が飛んで来て、（時には何も言わずに）あなたの手からスプーンを奪い取り、手を払いのけ、慣れた手つきで完璧に混ぜ合わせてくれます。辛いのが苦手な人は"너무 맵게 하지 마세요."（あまり辛くしないでください）と言ってください。ご自分で混ぜる合わせるときは味見しながらコチュジャンを加えていってください。韓国料理は自分の好みに合った味を作り上げながら食べる料理です。
　ピビンパはナムルや肉を見栄えよく盛ったお店のものも食欲をそそりますが、見栄えよりも実益です。自宅でも簡単につくれます。冷蔵庫の残り物を何種類か取り出して大きなボールに集め、ご飯、コチュジャン、胡麻油を入れて偏りのないようにしっかり混ぜ合わせたら、器に盛らないでボールのまま食べると最もおいしく感じます。冷たいのが嫌ならフライパンで軽く炒めてください。
　韓国のパッピンス（あずき氷・かき氷）はとても豪華でカラフルです。スプーンで崩してしまうのがもったいないくらい。自然に解けていくのは仕方のないことですが、むやみにスプーンで突っついて溶かすのは忍びないほどです。ところが韓国人はパッピンスがテーブルに運ばれるや、楽しそうに崩しにかかります。パッピンスは日本のお店のかき氷に比べて量が多く、その分値段も高いので、数人が一緒に突つきあって食べることが多いです。複数のスプーンで突つかれ、崩されて、豪華でカラフルで美しいパッピンスの氷は瞬く間に水と化し、韓国人はそれをスプーンですくって飲みます。ここにも長年培ってきたピビンパの混ぜ合わせ技術が生きているようです。

ボキャブラリー

저것 / 저거	あれ	팔다	売る
덕분 / 덕택	おかげ	사진을 찍다	写真を撮る
빙수	かき氷	웃다	笑う
밤	栗	변하다	変わる
귤	みかん	피곤하다	疲れている
꿀맛	蜜の味	다리가 아프다	脚が痛い
돌담	石垣	목이 마르다	のどが渇く
정취	情趣	깎다	値切る
안성맞춤	あつらえ向き	알아보다	見分ける
금속공예	金属工芸	호떡	ホットック（小麦粉をこねて平たく円形にし、中に黒砂糖や餡を入れて焼いたもの）
사다	おごる		

4 당일치기 여행 계획 日帰り旅行計画　2-Track 30

STEP 1　日帰り旅行計画のシーンです。まずは CD を聴いてみましょう。

유미 씨, 모처럼 오셨으니까 내일은 좀 먼 데 갔다올까요?

당일치기로 갔다올 만한 데가 있어요?

미연이가 당일치기 여행을 권합니다.

수원화성은 어때요? 가 본 적이 있으세요?

없어요. 꼭 가 보고 싶었던 곳이에요. 안내해 주시겠어요?

네, 좋아요. 수원화성은 몇 번 가도 좋은 곳이거든요.

둘은 수원화성에 가기로 합니다.

유미 씨, 수원화성에 가 보고 싶은 이유가 뭐예요?

텔레비전에서 드라마 '이산'을 재미있게 봤거든요.

아, 그래요. 그 드라마는 한국에서도 아주 인기였어요.

미연이는 수원화성에 가 보고 싶은 이유를 물어봅니다.

한국 사극에 빠졌어요. 의상이 화려해서 보기만 해도 가슴이 설레요.

수원화성은 세계유산 중의 하나예요. 꼭 구경하고 가세요.

유미는 한국 사극을 아주 좋아합니다.

🔑 重要表現を覚えましょう。
キーセンテンス

● 모처럼 오셨으니까 내일은 좀 먼 데 갔다올까요?
　折角いらっしゃったんですもの、明日はちょっと遠出してみませんか？

◇ 당일치기로 갔다올 만한 데가 있어요?
　日帰りできる適当な所がありますか？

◇ 꼭 가 보고 싶었던 곳이에요.
　ぜひ行ってみたかった所です。

● 몇 번 가도 좋은 곳이거든요.
　何度行ってもいい所ですもの。

● 수원화성에 가 보고 싶은 이유가 뭐예요?
　水原華城に行ってみたい理由は何かしら？

수원은 뭐가 맛있어요?

수원 하면 뭐니 뭐니 해도 숯불로 구워 먹는 왕갈비가 유명해요.

유미는 수원은 뭐가 맛있는지 물어봅니다.

우리, 수원왕갈비 꼭 먹어요.

당연하죠. 벌써부터 군침이 도네요.

두 사람은 수원왕갈비를 먹기로 합니다.

수원화성에 가면 정조를 볼 수 있는 예감이 들어요.

그런 분위기가 있는 곳이에요. 화성열차를 타고 돌아다닙시다.

유미는 수원화성에 대한 환상에 젖습니다.

그럼, 내일 어디서 몇 시에 만날까요?

집에 가서 화성열차에 대해 알아보고 연락할게요. 날씨가 좋으면 좋겠어요.

유미는 내일 만날 장소와 시간에 대해 묻습니다.

◇ **의상이 화려해서 보기만 해도 가슴이 설레요.**
衣装が華やかなので観ているだけで胸がときめくんです。

◇ **수원은 뭐가 맛있어요?**
水原は何がおいしいですか？

● **수원 하면 뭐니뭐니해도 숯불로 구워 먹는 왕갈비가 유명해요.**
水原と言えば、なんと言っても炭火で焼いて食べるワン（王）カルビが有名です。

● **당연하죠.**
当然よ。

● **집에 가서 화성열차에 대해 알아보고 연락할게요.**
家に帰って華城列車について調べてから連絡するわね。

● **날씨가 좋으면 좋겠어요.**
お天気が良ければいいわね。

4 당일치기 여행 계획

2-Track 31

STEP 2　今度はユミになって、日帰り旅行計画を話してみましょう。

유미 씨, 모처럼 오셨으니까 내일은 좀 먼 데 갔다올까요?

수원화성은 어때요? 가 본 적이 있으세요?

네, 좋아요. 수원화성은 몇 번 가도 좋은 곳이거든요.

미연이가 당일치기 여행을 권합니다.

둘은 수원화성에 가기로 합니다.

유미 씨, 수원화성에 가 보고 싶은 이유가 뭐예요?

아, 그래요. 그 드라마는 한국에서도 아주 인기였어요.

수원화성은 세계유산 중의 하나예요. 꼭 구경하고 가세요.

미연이는 수원화성에 가 보고 싶은 이유를 물어봅니다.

유미는 한국 사극을 아주 좋아합니다.

日帰り旅行計画に役立つ表現を覚えましょう。

応用表現
2-Track 32

- 어디 나가 볼까요?
  どこか出かけましょうか?

- 거기는 갈 만한 곳입니다.
  あそこは行って見るだけのことはあります。

◇ 여기까지 온 김에 친구를 만나고 가야지요.
ここまで来たついでに友達に会って行かなくちゃ。

- 그냥 갈 거예요?
  素通りするんですか?

◇ 그냥 갈 수야 없지요.
素通りするわけには行かないでしょう。

수원 하면 뭐니 뭐니 해도 숯불로
구워 먹는 왕갈비가 유명해요.

유미는 수원은 뭐가 맛있는지 물어봅니다.

당연하죠. 벌써부터 군침이 도네요.

두 사람은 수원왕갈비를 먹기로 합니다.

그런 분위기가 있는 곳이에요.
화성열차를 타고 돌아다닙시다.

유미는 수원화성에 대한 환상에 젖습니다.

집에 가서 화성열차에 대해 알아보고
연락할게요. 날씨가 좋으면 좋겠어요.

유미는 내일 만날 장소와 시간에 대해
묻습니다.

◇빼놓을 수 없지요.
　省くわけには行きません。

●시간이 없으니까 빨리 서두릅시다.
　時間がないから急ぎましょう。

◇버스 놓칠 뻔했어요.
　バスに乗り遅れるところでした。

●하루에 다 볼 순 없습니다.
　一日で全部見ることはできません。

●하루 택시 전세내서 돌아다닙시다.
　一日タクシーを借り切って回りましょう。

●비가 올 것 같아요.
　雨が降りそうです。

●우산 꼭 챙기세요.
　傘を必ず用意してください。

◇말만 들어도 군침이 도네요.
　話を聞いただけでよだれが出ますね。

4

日帰り旅行計画

| イラスト1 | ミヨンは日帰り旅行を勧めます。 |

ミヨン　：ユミさん、せっかくいらっしゃったんですもの、明日はちょっと遠出してみませんか？
ユミ　　：日帰りできる適当な所がありますか？

| イラスト2 | 二人は水原華城（スウォンファソン）に行くことにします。 |

ミヨン　：水原華城はどうかしら？　行ってみたこと、ありますか？
ユミ　　：ありません。ぜひ行ってみたかった所です。案内してくださる？
ミヨン　：ええ、いいわよ。水原華城は何度行ってもいい所ですもの。

| イラスト3 | ミヨンは水原華城に行きたい理由を尋ねます。 |

ミヨン　：ユミさん、水原華城に行ってみたい理由は何かしら？
ユミ　　：テレビドラマで観た「イ・サン」がとてもおもしろかったのよ。
ミヨン　：ああ、なるほど。あのドラマは韓国でも人気でした。

| イラスト4 | ユミは韓国の時代劇が大好きです。 |

ユミ　　：韓国の時代劇にはまっています。衣装が華やかなので観ているだけで胸がときめくんです。
ミヨン　：水原華城は世界遺産の一つなのよ。ぜひ、見物して帰ってください。

| イラスト5 | ユミは水原は何がおいしいか尋ねます。 |

ユミ　　：水原は何がおいしいですか？
ミヨン　：水原と言えば、なんと言っても炭火で焼いて食べるワン（王）カルビが有名です。

| イラスト6 | 二人は水原ワンカルビを食べることにします。 |

ユミ　　：私たち、水原ワンカルビ、必ず食べましょうね。
ミヨン　：当然よ。もう食欲が湧いてきちゃったわ。

| イラスト7 | ユミは水原華城の幻想に浸ります。 |

ユミ　　：水原華城に行ったら正祖（チョンジョ：朝鮮時代の王）にお目にかかれるような予感がします。
ミヨン　：そんな雰囲気のところなの。華城列車に乗って回りましょう。

| イラスト8 | ユミは明日会う場所と時間について尋ねます。 |

ユミ　　：それじゃ、明日、どこで、何時に会いましょうか？
ミヨン　：家に帰って華城列車について調べてから連絡するわね。お天気が良ければいいわね。

Information

歴史ドラマ

　ソウルは朝鮮時代500年間都の地だったので、ソウル及びその近郊には歴史的にゆかりの深い所が多く存在し、世界文化遺産や国の重要文化財に登録されているものもたくさんあります。そういう場所を訪れたり、文化財を鑑賞したりするときには、その場所や文化財にまつわる史実や伝説を知っていると、より深い味わいを楽しめます。韓国語では時代劇をサグッ（史劇）と言いますが、王朝を中心に描かれたものが主流のようです。歴史ドラマで韓半島（朝鮮半島）の歴史を初めて知る人も多いことでしょう。ドラマは古朝鮮、高句麗、百済、新羅、高麗、朝鮮時代（李朝）と続く王朝の歴史の悲喜交々が描かれていて見応えがあります。ドラマを通して何回も繰り返して聞いた、現代では使われないような単語やフレーズを得意になって使っている人もいます。サグッに出てきた場所を訪れるとドラマの印象的なシーンが蘇りますし、登場人物も現れそうな気持ちにさせられます。

　観光地を訪れるときはあらかじめ休館日を確かめておく必要があります。ソウルの五大王宮の場合、景福宮（キョンボックン）と昌慶宮（チャンギョングン）は火曜日が、徳寿宮（トクスグン）、昌徳宮（チャンドックン）、慶熙宮（キョンヒグン）は月曜日が休館日です。景福宮と徳寿宮では一日に数回、守門将交代式が行われますので、その時間も確認してから行くといいでしょう。極彩色の衣装を着けた凛々しい守門将と一緒に写真も撮れます。（2013年1月現在）

ボキャブラリー

모처럼	せっかく	권유하다	勧める
데 / 곳	所	안내하다	案内する
일찍	早めに	화려하다	華やかだ
세계유산	世界遺産	가슴이 설레다	胸がときめく
벌써부터	今から	구워 먹다	焼いて食べる
날씨	天気	유명하다	有名だ
비	雨	당연하다	当然だ
눈	雪	군침이 돌다	食欲が湧く
바람이 불다	風が吹く	뵈다 / 뵙다	お目にかかる
일기예보	天気予報	몇 번이나	何回も
기온	気温	분위기	雰囲気
습기	湿気	종묘	宗廟
덥다	暑い	창덕궁	昌徳宮
춥다	寒い	덕수궁	徳寿宮

5 방문 訪問

2-Track 33

STEP 1　友人宅を訪問するシーンです。まずは CD を聴いてみましょう。

> 안녕하세요? 처음 뵙겠습니다. 야마다 유미입니다.

> 어서 오세요. 유미 씨 이야기는 진아한테 많이 들었어요.

> 저도 진아한테서 가족 분의 이야기를 많이 들었습니다.

유미와 진아 어머니가 인사를 나눕니다.

> 온돌 바닥이 딱딱해서 다리 아프겠어요. 편히 앉아요.

> 말씀 놓으세요.

> 그래? 그럼, 그럴까?

유미는 진아 어머니가 존대말을 쓰기 때문에 불편해합니다.

> 부모님께서도 안녕하셔?

> 네, 덕분에 잘 계십니다.

진아 어머니는 유미에게 부모님 안부를 묻습니다.

> 유미는 무역회사에서 일한다면서? 오래 됐어?

> 네, 대학 졸업하고 바로 취직했으니까 벌써 8년째가 됩니다.

진아 어머니는 유미가 하는 일에 대해 묻습니다.

🔑 重要表現を覚えましょう。
キーセンテンス

◇ 처음 뵙겠습니다. 야마다 유미입니다.
　はじめまして。山田ユミです。

◇ 저도 진아한테서 가족 분의 이야기를 많이 들었습니다.
　私もチナからご家族のお話をいろいろ伺っています。

● 온돌 바닥이 딱딱해서 다리 아프겠어요. 편히 앉아요.
　オンドルの床は固くて足が痛いでしょうに。楽にお座りになって。

◇ 말씀 놓으세요.
　丁寧な言葉をお使いにならないでください。

● 그래? 그럼, 그럴까?
　そう、それじゃ、そうしようかね?

진아가 항상 유미 한국말을 칭찬하거든.
이렇게 듣고 보니 정말 잘하네.

아니에요, 아직 멀었습니다.
빨리 잘하고 싶습니다.

진아 어머니는 유미가 하는 한국말을 듣고 칭찬해 줍니다.

엄마, 유미는 한국 드라마와 K 팝으로 한국말을 배우고 있대요.

일본에서는 매일 한국 드라마를 시청할 수 있어서 보면서 재미있게 배우고 있습니다.

진아는 유미의 한국말 학습 방법을 어머니에게 말합니다.

유미야, 저녁 먹고 천천히 놀다 가.

우리 엄마 요리 솜씨 짱이야.

진아 어머니는 유미에게 천천히 놀다 가라고 합니다.

감사합니다. 그렇지만 너무 폐를 끼치는 것 같아서…….

폐라니. 꼭 그렇게 해야 돼.

유미는 폐를 끼치는 것 같아서 사양합니다.

- 부모님께서도 안녕하셔?
  ご両親もお元気?
- 유미는 무역회사에서 일한다면서?
  ユミは貿易会社に勤めてるそうね?
◇ 네, 대학 졸업하고 바로 취직했으니까 벌써 8년째가 됩니다.
  はい、大学を出てすぐに就職したので、もう8年になります。

◇ 빨리 잘하고 싶습니다.
  早く上手になりたいです。
- 우리 엄마 요리 솜씨 짱이야.
  うちの母の料理の腕前は最高よ。
◇ 그렇지만 너무 폐를 끼치는 것 같아서…….
  でも、迷惑をおかけするようで…。
- 폐라니. 꼭 그렇게 해야 돼.
  迷惑だなんて。ぜひ、そうしてね。

5 방문　　　2-Track 34

STEP 2　今度はユミになって、友人宅を訪問してみましょう。

어서 오세요. 유미 씨 이야기는 진아한테 많이 들었어요.

온돌 바닥이 딱딱해서 다리 아프겠어요. 편히 앉아요.

그래? 그럼, 그럴까?

유미와 진아 어머니가 인사를 나눕니다.

유미는 진아 어머니가 존댓말을 쓰기 때문에 불편해합니다.

부모님께서도 안녕하셔?

유미는 무역회사에서 일한다면서? 오래 됐어?

진아 어머니는 유미에게 부모님 안부를 묻습니다.

진아 어머니는 유미가 하는 일에 대해 묻습니다.

友人宅を訪問した際に役立つ表現を覚えましょう。

応用表現
2-Track 35

◇실례합니다.
お邪魔します。

◇방해가 되지 않아요?
お邪魔じゃありませんか？

● 연세가 어떻게 되십니까?
お歳はいくつでいらっしゃいますか？

● 누구십니까?
どなたですか？

● 결혼하셨습니까?
結婚していらっしゃいますか？

◇아직 결혼 안 했습니다.
まだ結婚していません。

제 8 장 5 2-Track 34

진아가 항상 유미 한국말을 칭찬하거든. 이렇게 듣고 보니 정말 잘하네.

엄마, 유미는 한국 드라마와 K 팝으로 한국말을 배우고 있대요.

진아 어머니는 유미가 하는 한국말을 듣고 칭찬해 줍니다.

진아는 유미의 한국말 학습 방법을 어머니에게 말합니다.

유미야, 저녁 먹고 천천히 놀다 가.

우리 엄마 요리 솜씨 짱이야.

폐라니. 꼭 그렇게 해야 돼.

진아 어머니는 유미에게 천천히 놀다 가라고 합니다.

유미는 폐를 끼치는 것 같아서 사양합니다.

- ●무슨 일을 하십니까?
  どんなお仕事をしていらっしゃいますか？
- ●한국은 처음이신가요?
  韓国は初めてですか？
- ●가족이 몇 분이세요?
  ご家族は何人ですか？
- ◇초대해 주셔서 고맙습니다.
  ご招待くださいましてありがとうございます。
- ◇우리 말 놓고 지내자.
  私たち、気楽に付き合いましょう。
- ●고맙기는.
  ありがたいなんて。

5

訪問

イラスト1	ユミとチナの母は挨拶を交わします。

ユミ　　　：こんにちは。はじめまして。山田ユミです。
チナの母　：ようこそ。ユミさんのことはチナからたくさん聞いています。
ユミ　　　：私もチナからご家族のお話をいろいろ伺っています。

イラスト2	ユミはチナの母が丁寧語を使うので居心地がよくありません。

チナの母　：オンドルの床は固くて足が痛いでしょうに。楽にお座りになって。
ユミ　　　：丁寧な言葉をお使いにならないでください。
チナの母　：そう？　それじゃ、そうしようかね？

イラスト3	チナの母はユミに両親の安否を尋ねます。

チナの母　：ご両親もお元気？
ユミ　　　：はい、おかげで元気です。

イラスト4	チナの母はユミの仕事について尋ねます。

チナの母　：ユミは貿易会社に勤めてるそうね？　長くなるの？
ユミ　　　：はい、大学を出てすぐに就職したので、もう8年になります。

イラスト5	チナの母はユミの韓国語を聞いて褒めます。

チナの母　：チナがいつもユミの韓国語をほめてるよ。こうして聞いてみると、本当に上手ね。
ユミ　　　：いいえ、まだまだです。早く上手になりたいです。

イラスト6	チナはユミの韓国語勉強法を母に話します。

チナ　　　：母さん、ユミは韓国ドラマとKポップで韓国語を磨いているんですって。
ユミ　　　：日本では毎日、韓国ドラマが視聴できるので、ドラマを見ながら楽しく学んでいます。

イラスト7	チナの母はユミにゆっくりしていくよう言います。

チナの母　：ユミ、夕食を食べて、ゆっくりしていきなさい。
チナ　　　：うちの母の料理の腕前は最高よ。

イラスト8	ユミは迷惑をかけるようなので遠慮します。

ユミ　　　：ありがとうございます。でも、迷惑をおかけするようで…。
チナ　　　：迷惑だなんて。ぜひ、そうしてね。

Information

言葉遣いの重要性

韓国人は目上の人が自分に対して丁寧語を使うと非常に恐縮し、居心地がよくありません。こういう場合は、必ず"말씀을 놓으세요"（丁寧な言葉をお使いにならないでください）と言います。

逆に、自分に対して当然、丁寧語を使うべき相手がパンマル（ため口、カジュアルな言葉）を使った場合、パンマルを使われた目上の人は透かさず、"왜 반말이냐？"と言って相手を叱りつけます。ドラマでもよく目にする場面です。

また相手が同じ歳とか、歳下でその年齢にあまり差がない場合、"우리 말 놓고 지냅시다"（私たち、丁寧な言葉遣いしないで付き合いましょう→親しくしましょう）とわざわざ言葉にして伝えますし、말을 놓고 지내는 사이（丁寧な言葉遣いをしない間柄→気の置けない間柄）という言葉もあります。

これらのことからも韓国語の言葉遣いの重要性を感じさせられます。

ボキャブラリー

존대말	丁寧語	일 / 일하다	仕事 / 働く
반말	ため口	졸업하다	卒業する
안부	安否	취직하다	就職する
무역회사	貿易会社	놀다	遊ぶ
방법	方法	폐를 끼치다	迷惑をかける
솜씨	腕前	실례하다	失礼する
몇 살	何歳	초대하다	招待する
취미	趣味	항상	いつも
딱딱하다	固い	가족	家族
아프다	痛い	부모님	両親 / ご両親
편하다 / 편히	楽だ / 楽に	형제	きょうだい
말을 놓다	ぞんざいに言う		

イラスト単語　날씨〈気候 / 天気〉

- 태양 / 해　太陽
- 맑음 / 맑다　晴れ / 晴れている
- 별　星
- 달　月
- 태풍　台風
- 바람　風
- 흐림 / 흐리다　曇り / 曇っている
- 눈　雪
- 기온　気温
- 일기예보　天気予報
- 비　雨
- 습기　湿気
- 장마　梅雨
- 겨울　冬
- 가을　秋
- 여름　夏
- 봄　春

音韻規則（4） 2-Track 36

(5) 無声子音の有声化

既に音韻規則 (3) の (3) リエゾンの③に出てきましたが、無声子音のパッチム〈ㅂㄷㄱ〉とこれらを代表音にするパッチムが〔ㅂ→ㅁ／ㄷ→ㄴ／ㄱ→ㅇ〕のように有声子音で発音されることを無声子音の有声化と言います。無声子音が有声化する条件は、パッチム〈ㅂㄷㄱ〉とこれらを代表音とするパッチムの次の初声が〈ㄴㅁ〉であることです。

ㅂ / ㅍ / ㅄ / ㄿ → 〔ㅁ〕			
입니다〔임니다〕	없는〔엄ː는〕	깊는〔김는〕	읊는〔음는〕
입만〔임만〕	앞마당〔암마당〕		

ㄷ / ㅌ / ㅅ / ㅆ / ㅈ / ㅊ / ㅎ → 〔ㄴ〕				
닫는〔단는〕	붙는〔분는〕	웃는〔운ː는〕	찾는〔찬는〕	쫓는〔쫀는〕
있는〔인는〕	놓는〔논는〕			
밭매기〔반매기〕	옷만〔온만〕	젖먹이〔전머기〕	꽃망울〔꼰망울〕	히읗만〔히은만〕

ㄱ / ㅋ / ㄲ / ㄳ / ㄺ → 〔ㅇ〕			
먹는〔멍는〕	닦는〔당는〕	읽는〔잉는〕	
국물〔궁물〕	부엌만〔부엉만〕	흙물〔흥물〕	넋마저〔넝마저〕

パッチム〈ㅂㄱ〉の次の初声が〈ㄹ〉の場合、パッチム〈ㅂㄱ〉の有声化と同時に初声〈ㄹ〉は〔ㄴ〔n〕〕で発音されます。

パッチム ㅂ → 〔ㅁ〕 初声 ㄹ → 〔ㄴ〕	협력 協力〔협녁 → 혐녁 hyɔmnyɔᵏ〕
パッチム ㄱ → 〔ㅇ〕 初声 ㄹ → 〔ㄴ〕	독립 独立〔독닙 → 동닙 toŋniᵖ〕

(6) ㄴの流音化

ㄹを流音といいます。流音化というのは〈ㄴ〉が〔ㄹ〔l〕〕で発音されることです。
この場合、〈ㄴ〉と〈ㄹ〉の位置が〈ㄴ（パッチム）〉〈ㄹ（初声）〉、または〈ㄹ（パッチム）〉〈ㄴ（初声）〉のいずれであっても〈ㄴ〉は〔ㄹ〔l〕〕で発音されます。

ㄹ＋ㄴ → 〔ㄹ＋ㄹ〕	일년 1年〔일련 illyɔn〕	핥네 なめる〔할레 halle〕
ㄴ＋ㄹ → 〔ㄹ＋ㄹ〕	신라 新羅〔실라 ʃilla〕	난로 暖炉〔날ː로 naːllo〕

音韻規則 (3) の (3) リエゾンの②でも説明しましたが、次の場合はリエゾンと同時に流音化が起こります。
할 일のような未来連用形でよく起こります。

ㄹ＋ㄴ → 〔ㄹ＋ㄹ〕	할 일 すべき事〔할릴 hallil〕	볼일 用事〔볼릴 pollil〕

(7) ㅎ音の消滅と弱化

① パッチムㅎ音の消滅

パッチム〈ㅎ〉は次に母音が来た場合、リンキング（連音）しないで、無音になります。

ㅎ＋母音 → 〔×＋母音〕	좋아　良い〔조아 tʃoa〕	넣으　入れる〔너으 nɔɯ〕
	않아　〜じゃない〔아나 ana〕	앓아　病む〔아라 ara〕

② 初声ㅎ音の弱化

パッチム〈ㅁ・ㄴ・ㄹ〉の次の初声〈ㅎ〉は弱化します。したがって母音に近くなります。

ㅁ＋ㅎ → 〔ㅁ＋ɦ〕	발음하다　発音する〔paɾɯmɦada〕	음향　音響〔ɯmɦyaŋ〕
ㄴ＋ㅎ → 〔ㄴ＋ɦ〕	결혼하다　結婚する〔kyɔlɦonɦada〕	헌혈　献血〔hɔ:nɦyɔl〕
ㄹ＋ㅎ → 〔ㄹ＋ɦ〕	출발하다　出発する〔tʃʰulbalɦada〕	발행　発行〔palɦɛŋ〕

ㅎの弱化を表わす発音記号には〔ɦ〕を使いました。

　これまで、音韻規則、音韻変化について説明してきました。多様すぎて当惑する方もいらっしゃることと思いますが、先に言葉ありきです。規則を作り、規則にしたがって言葉をつくったわけではありませんから、音韻変化は発音において自然に起こる現象です。音韻変化、音韻規則を身につける最適な方法は音読とシャドーイングを繰り返すことでしょう。

文法

- （１）文末語尾と文の種類　（２）原形・語幹・語尾　　　（３）語幹の種類
- （４）正則活用と変則活用　（５）接続方法【1】【2】【3】
- （６）【ㄹ脱落条件】　　　　（７）接続方法【1】【2】【3】に付く語尾と補助語幹
- （８）用言の活用　　　　　　（９）日本語を韓国語に訳す　　（10）人称代名詞

（１）文末語尾と文の種類

　韓国語にも日本語のように丁寧語体（です・ます体）と非丁寧語体（だ・である体）があります。합니다体と해요体は丁寧語体で、해体と한다体は非丁寧語体です。下の表で示した四区分のほかに、話し手と聞き手との関係で使い分けなければならない文末語尾がありますが、テキストでは下の四区分のみを取り上げました。

합니다体と해요体は丁寧語体で、日本語では「です・ます体」にあたります。	
합니다体	丁寧で、改まった感じ、堅い感じを持ちます。書き言葉でよく使われます。
해요体	합니다体より柔らかい感じ、女性的な響きを持っています。書き言葉よりも話し言葉でよく使われています。
해体と한다体は非丁寧語体で、日本語では「だ・である体」にあたります。	
해体	会話体で親しい同輩の間や年下に対して使う、くだけた言葉遣いです。
한다体	会話でも使われますが、新聞などの記述によく使われます。

　文の種類は文末語尾で表わします。

文の種類	합니다体	해요体	해体	한다体
平叙文	ㅂ니다 / 습니다	아요 / 어요	아 / 어	ㄴ다 / 는다 / 다
疑問文	ㅂ니까? / 습니까?	아요? / 어요?	아? / 어?	느냐? / (으)냐?
命令文	십시오 / 으십시오	아요 / 어요	아 / 어 / 지	아라 / 어라
勧誘文	ㅂ시다 / 읍시다	아요 / 어요 / 지요	아 / 어 / 지	자

（２）原形・語幹・語尾

　韓国語の用言には動詞・形容詞・存在詞・指定詞の４種類があります。
　用言の原形（辞書形）は４種類とも〈**語幹＋다**（語尾）〉の形をとります。
　用言の種類は活用形で決まります。したがって、日本語に訳したもので分類すると間違うことがあります。例えば좋아하다は「好きだ、好む」という日本語に当たりますが、「好きだ」と「好む」では品詞が異なります。좋아하다は動詞です。よく使われる잘하다も動詞です。잘하다は「うまくする」→「上手だ」、という意味ですが、形容詞に間違えられることが多いです。各種語尾の中には品詞によって接続する語尾が異なるものがありますし、助詞を間違う恐れがありますから、辞書で確認する必要があります。

品詞を間違えると接続する助詞や語尾を間違えやすいので注意が必要です。

花が好きです。	꽃을 좋아합니다.	× 꽃이 좋아합니다.
花が好きな人	꽃을 좋아하는 사람.	× 꽃이 좋아한 사람.
韓国語が上手です。	한국말을 잘합니다.	× 한국말이 잘합니다.
韓国語が上手な人	한국말을 잘하는 사람.	× 한국말이 잘한 사람.

品詞を間違えやすい単語

単　語	品　詞	語　義	한다体平叙形	現在連体形
좋아하다	動詞	好きだ、好む、喜ぶ	좋아한다.	좋아하는
잘하다	動詞	うまくやる、上手だ	잘한다.	잘하는
못하다	動詞	できない	못한다.	못하는
알다	動詞	わかる、知っている	안다.	아는
모르다	動詞	わからない、知らない	모른다.	모르는
않다	動詞 形容詞	動詞を否定にする場合は動詞 形容詞を否定にする場合は形容詞	않는다. 않다.	않는 않은
늦다	動詞 形容詞	遅れる 遅い	늦는다. 늦다.	늦는 늦은
크다	動詞 形容詞	成長する 大きい	큰다. 크다.	크는 큰
있다	存在詞	いる、ある	있다.	있는
없다	存在詞	いない、ない	없다.	없는
맛있다	存在詞	おいしい	맛있다.	맛있는
맛없다	存在詞	まずい	맛없다.	맛없는
재미있다	存在詞	おもしろい	재미있다.	재미있는
재미없다	存在詞	おもしろくない	재미없다.	재미없는

（3）語幹の種類

母音語幹	母音で終わっている語幹 가다　돌아가다　오다　하다　기쁘다　이다　아니다
子音語幹	パッチム（終声）で終わっている語幹。ㄹパッチムは除く 먹다　읽다　많다　넓다　좁다　어렵다　있다　없다
ㄹ語幹	ㄹパッチムで終わっている語幹 알다　만들다　살다　놀다　울다　길다　달다　멀다

陽母音語幹	語幹の最終音節の母音（中声）が陽母音の語幹。パッチムの有無に関係なし。陽母音は아 / 오 / 야 / 와ですが、語幹の最終音節の母音が야の用言は少なく、와はありません 가다 오다 들어오다 받다 찾다 달다 좋다 얕다
陰母音語幹	語幹の最終音節の母音（中声）が陰母音の語幹。パッチムの有無に関係なし。陰母音は陽母音以外のもの 배우다 쓰다 먹다 되다 길다 어렵다 없다 이다 아니다

（4）正則活用と変則活用

　動詞と形容詞は正則活用するものと変則活用するものに分けられます。正則活用するものは語幹に接続する語尾や補助語幹によって語幹が変形することはありません。これに対して変則活用するものは語幹に接続する語尾や補助語幹によって語幹が変形することがあります。

① 変則活用する動詞・形容詞の語幹は、どんな語尾や補助語幹を接続する場合に変形するのでしょうか？　詳しくは (5) 接続方法【1】【2】【3】を参照してください。

　　変則活用する動詞・形容詞は母音を接続する場合にのみ語幹が変形します。したがって接続方法【1】を使う場合には影響はありませんが、接続方法【2】と【3】を使う場合に語幹が変形します。【2】の場合、子音語幹には으（調音素）を接続しますし、【3】の場合は陽母音語幹には아を、陰母音語幹には어を接続します。으・아・어は母音なので語幹は変形するわけです。語幹の変形の仕方はさほど難しくありませんが、正則活用に属するか、変則活用に属するか、はそれぞれ個別に覚えなければなりませんので、最初は戸惑うかもしれません。

② 変則活用の語幹はどのように変形するか？

　　接続方法【2】を使う場合は、パッチムの名前を冠している四つの変則活用（ㄷ**変則活用・**ㅂ**変則活用・**ㅅ**変則活用・**ㅎ**変則活用**）に属する動詞と形容詞の語幹が変形します。接続方法【3】を使う場合は、四つの変則活用だけでなく、すべての変則活用（ㄷ**変則活用・**ㅂ**変則活用・**ㅅ**変則活用・**ㅎ**変則活用・**으**変則活用・**르**変則活用・**러**変則活用・**하**変則活用・**우**変則活用**）に影響があります。러変則活用以外の変則活用に属する動詞・形容詞の語幹が変形します。この変形した形をここでは**変語幹**と呼ぶことにします。どのように変形するかは変則活用によって異なります。変則活用するほとんどの動詞・形容詞は変語幹が一つしかありませんが、돕다（助ける）と곱다（きれいだ）の二単語は、接続方法【2】と【3】では変語幹が異なります。また、ㅎ変則活用とㅂ変則活用は変語幹に아 / 어が合体してしまうこと（原形がわかりにくい）、하変則活用は하と여が合体して해になることなどに注意してください。

接続方法【2】と【3】を使う場合のㄷ変則活用・ㅂ変則活用・ㅅ変則活用・ㅎ変則活用

ㄷ変則活用		
ㄷ → ㄹ （子音語幹 → 子音語幹） ㄷからㄹに変わったパッチムはㄹ語幹ではないのでㄹは脱落しない 動詞にのみあり	듣다 聞く　　듣 → 들 変語幹	
	【2】	들 + 으니까 → 들으니까 들 + 으면 → 들으면 들 + 으시 → 들으시 + ㅂ니다 → 들으십니다. 들 + 은 → 들은
	【3】	들 + 어요 → 들어요 들 + 었 → 들었 + 습니다 → 들었습니다. 들 + 어서 → 들어서
	깨닫다 悟る　　깨닫 → 깨달 変語幹	
	【2】	깨달 + 으니까 → 깨달으니까
	【3】	깨달 + 았 → 깨달았 + 습니다 → 깨달았습니다.
ㅂ変則活用		
ㅂ → 우 （子音語幹 → 母音語幹） 動詞・形容詞にあり 돕다と곱다の二単語は【2】と【3】では変語幹が異なる	춥다 寒い　　춥 → 추우 変語幹	
	【2】	추우 + 니까 → 추우니까 추우 + 면 → 추우면 추우 + 시 → 추우시 + ㅂ니까 → 추우십니까? 추우 + ㄴ → 추운
	【3】	추우 + 어요 → 추우어요 → 추워요. 추우 + 었 → 추우었 → 추웠 + 습니다 → 추웠습니다.
	돕다 助ける　　돕 → 【2】 도우 変語幹 　　　　　　　돕 → 【3】 도오 変語幹	
	【2】	도우 + 니까 → 도우니까 도우 + 시 → 도우시 + ㅂ니다 → 도우십니다.
	【3】	도오 + 아요 → 도오아요 → 도와요. 도오 + 았 → 도오았 → 도왔 + 습니다 → 도왔습니다. 도오 + 아 주세요 → 도오아 주세요 → 도와 주세요.
	곱다 きれいだ　　곱 → 【2】 고우 変語幹 　　　　　　　　곱 → 【3】 고오 変語幹	
	【2】	고우 + 니까 → 고우니까 고우 + 시 → 고우시 + ㅂ니다 → 고우십니다.
	【3】	고오 + 아요 → 고오아요 → 고와요. 고오 + 았 → 고오았 → 고왔 + 습니다 → 고왔습니다. 고오 + 아서 → 고오아서 → 고와서

ㅅ変則活用		
ㅅ → × （子音語幹 → 子音語幹） ㅅが脱落しても**子音語幹**扱いに注意 動詞・形容詞にあり	짓다 作る　　짓 → 지　変語幹	
	【2】	지 + 으니까 → 지으니까 지 + 으면 → 지으면 지 + 으시 → 지으시 + ㅂ니다 → 지으십니다． 지 + 은 → 지은
	【3】	지 + 어요 → 지어요． 지 + 었 → 지었 + 습니다 → 지었습니다． 지 + 어서 → 지어서
	낫다 治る（動詞）・すぐれている（形容詞）　낫 → 나　変語幹	
	【3】	나 + 아요 → 나아요． 나 + 았 → 나았 + 습니다 → 나았습니다． 나 + 아서 → 나아서
ㅎ変則活用		
ㅎ → × （子音語幹 → 母音語幹） 形容詞にのみあり	그렇다 そうだ　　그렇 → 그러　変語幹	
	【2】	그러 + 니까 → 그러니까 그러 + 면 → 그러면 그러 + ㄴ → 그런
	【3】	그러 + 어요 → 그러어요 → 그래요． 그러 + 었 → 그러었 → 그랬 + 습니다 → 그랬습니다． 그러 + 어서 → 그러어서 → 그래서
	빨갛다 赤い　　빨갛 → 빨가　変語幹	
	【3】	빨가 + 아요 → 빨가아요 → 빨개요． 빨가 + 았 → 빨가았 + 빨갰 + 습니다 → 빨갰습니다． 빨가 + 아서 → 빨가아서 → 빨개서
	하얗다 白い　　하얗 → 하야　変語幹	
	【3】	하야 + 아요 → 하야아요 → 하얘요． 하야 + 았 → 하야았 + 하얬 + 습니다 → 하얬습니다． 하야 + 아서 → 하야아서 → 하얘서

接続方法【3】を使う場合の으変則活用・르変則活用・러変則活用・하変則活用・우変則活用

으変則活用		
으 → × 母音으が脱落 動詞・形容詞にあり	바쁘다 忙しい　　바쁘 → 바ㅃ　変語幹	
	바ㅃ + 아요 → 바빠요．　　바ㅃ + 아서 → 바빠서	
	슬프다 悲しい　　슬프 → 슬ㅍ　変語幹	
	슬ㅍ + 어요 → 슬퍼요．　　슬ㅍ + 어서 → 슬퍼서	

	쓰다 書く　　쓰 → ㅆ 変語幹
	ㅆ + 어요 → 써요.　　　ㅆ + 어서 → 써서

　으変則活用は接続方法【3】を使うときだけに語幹の으(中声)が脱落し、そこに〈아／어〉が付きます。〈아〉か〈어〉かは으の前の音節の母音が陽母音なら〈아〉、陰母音なら〈어〉を、語幹が単音節の場合は〈어〉を結合させます。

르変則活用

르 → ㄹㄹ	모르다 知らない　　모르 → 몰ㄹ 変語幹
動詞・形容詞にあり	몰ㄹ + 아요 → 몰라요.　　몰ㄹ + 아서 → 몰라서
	부르다 歌う　　부르 → 불ㄹ 変語幹
	불ㄹ + 어요 → 불러요　　불ㄹ + 어요 → 불러서

　르変則活用は接続方法【3】を使うときだけに語幹の르が〈ㄹㄹ〉と入れ替わりますが、前のㄹは르の前の音節のパッチムとなり、後ろのㄹは〈아／어〉と結合して〈라／러〉になります。〈아〉か〈어〉かは、르の前の音節の母音が陽母音なら〈아〉、陰母音なら〈어〉を結合させます。

러変則活用

語幹はそのまま	이르다 至る　　이르 → 이르
動詞・形容詞にあり	이르 + 러요 → 이르러요.　　이르 + 러서 → 이르러서
	푸르다 青い　　푸르 → 푸르
	푸르 + 러요 → 푸르러요.　　푸르 + 러서 → 푸르러서

　語幹が르で終わっている動詞・形容詞の中には으変則活用・르変則活用・러変則活用に属するものがあります。러変則活用に属するものは少ないです。接続方法【3】を使うときには語幹に〈아／어〉を接続しますが、러変則活用の場合は語幹は変形せずに〈아／어〉ではなく〈러〉を接続します。

하変則活用

하다・하다動詞・하다形容詞のすべてが属します	하다 する　　하 → 하
	하 + 여요 → 하여요 → 해요.
	하 + 였 → 하였 → 했 + 습니다 → 했습니다.
	행복하다 幸福だ　　행복하 → 행복하
	행복하 + 여요 → 행복하여요 → 행복해요. 행복하 + 였→행복하였 → 행복했 + 습니다→ 행복했습니다.

　接続方法【3】を使うときには語幹に〈아／어〉ではなく、〈여〉を接続しますが、〈하여〉が縮まって〈해〉になります。書き言葉では〈하여〉も使いますが、話し言葉では해を使います。

우変則活用	
우 → × 母音우が脱落	푸다 汲む 푸 → ㅍ 変語幹 ㅍ + 어요 → 퍼요　ㅍ + 어서 → 퍼서 ㅍ + 었 → 펐 + 습니다 → 펐습니다.
우変則活用は接続方法【3】を使うとき語幹の우（中声）が脱落します。	

(5) 接続方法【1】【2】【3】

語幹に語尾や補助語幹を接続する方法には【1】【2】【3】の三種類がありますが、どれを使うかは接続する語尾や補助語幹によって決まっています。

【1】	語幹の形に関係なく語幹に直接、語尾や補助語幹を接続します。 　　　語幹＋語尾や補助語幹　　変則活用する動詞・形容詞も影響を受けません。 　　　　　　　　　　　　　　　ただしㄹ語幹の場合、ㄹが脱落することがあります。	
【2】	語幹を母音語幹・子音語幹・ㄹ語幹に分類します。	
	母音語幹　語幹に直接、語尾や補助語幹を接続します。 　　　　　母音語幹＋語尾や補助語幹	
	子音語幹　으（調音素）を入れてから語尾や補助語幹を接続します。 　　　　　子音語幹＋으＋語尾や補助語幹 　　　　　ㄷ・ㅂ・ㅅ・ㅎ変則活用は変語幹を使います。	
	ㄹ語幹　　母音語幹同様、直接、語尾や補助語幹を接続する場合と、ㄹパッチムを 　　　　　取り除いて語尾や補助語幹を接続する場合があります。 　　　　　ㄹ語幹＋語尾や補助語幹 　　　　　ㄹ語幹（ㄹ脱落）＋語尾や補助語幹　【ㄹ脱落条件】（6）に説明あり。	
【3】	語幹を陽母音語幹と陰母音語幹に分けます。 陽母音語幹には〈아〉で、陰母音語幹には〈어〉で始まる語尾や補助語幹を接続します。 【3】を使う場合は母音語幹と〈아／어〉の間で合体や脱落が起こります。	
	陽母音語幹＋아で始まる語尾や補助語幹 　陰母音語幹＋어で始まる語尾や補助語幹 　すべての変則活用は変語幹を使います。	

(6)【ㄹ脱落条件】

【ㄹ語幹】の動詞と形容詞に〈ㅅㅂㅇㄴㄹ〉で始まる語尾や補助語幹を接続する場合にはㄹが脱落します。

ㅅ	尊敬語を作る補助語幹〈시〉、命令形語尾〈십시오〉など
ㅂ	합니다体平叙形・疑問形語尾〈ㅂ니다 / ㅂ니까〉、勧誘形語尾〈ㅂ시다〉など
ㅇ	平叙形・疑問形・命令形・勧誘形を表わす文末語尾
ㄴ	連体形語尾〈ㄴ / 는〉、接続語尾〈ㄴ데 / 는데〉、文末語尾〈느냐 / 냐 / 니〉など
ㄹ	【2】を使うㄹ / 을（未来連体形）やㄹ / 을で始まる語尾を接続する場合。러 / 려고を接続する場合はㄹは脱落しません。

(7) 接続方法【1】【2】【3】に付く語尾と補助語幹

接続方法【1】【2】【3】	語尾と補助語幹（一部）
接続方法【1】	-고　　　　　-겠　　　　　-게　　　　　-기 -지만　　　　-지 않다　　　-지 못하다　-지(요) -지 마십시오　-지 맙시다　　-자마자 -느냐　　　　-냐 (ㄹパッチムは脱落)
接続方法【2】	-(으)니까　　-(으)니　　　-(으)ㄴ　　　-(으)냐 -(으)시　　　-(으)십시오　-(으)ㅂ시다　-(으)ㄹ ㄹ語幹にはそのまま接続する -(으)면　　　-(으)면서　　-(으)러　　　-(으)려고 ㄹ脱落条件に適合する語尾と補助語幹 -니까　　　　-니　　　　　-ㄴ　　　　　-냐 -시　　　　　-십시오　　　-ㅂ시다 -ㄹ　　　　　-ㄹ게　　　　-ㄹ까(요)　　-ㄹ래야 -ㄹ래(요)　　-ㄹ망정　　　-ㄹ지라도　　-ㄹ지언정
接続方法【3】	-아요 / 어요　-아 / 어　　　　　　-아라 / 어라 -았 / 었　　　-아야 / 어야　　　　-아도 / 어도

(8) 用言の活用

	動詞		形容詞		存在詞		(名詞) 指定詞	
語幹	語尾	語幹	語尾	語幹	語尾	語幹	語尾	
	※1 母ㄴ다 　　子는다 　　ㄹ(ㄹ脱落)ㄴ다		母다 子다 ㄹ다		子다		※2 (母名) (이)다 (子名) 이다	
가	간다	기쁘	기쁘다			(이)	나무다	

먹	먹는다		많	많다	있	있다	이	꽃이다
알	안다 (ㄹ脱落)		길	길다				

	母ㅂ니다 / 子습니다 / ㄹ (ㄹ脱落) ㅂ니다							
가	갑니다		기쁘	기쁩니다			이	나무입니다
먹	먹습니다		많	많습니다	있	있습니다	이	꽃입니다
알	압니다 (ㄹ脱落)		길	깁니다 (ㄹ脱落)				

	【1】 느냐?			【2】 냐? / 으냐?		【1】 느냐?		【2】 냐?
가	가느냐?		기쁘	기쁘냐?			(이)	나무냐?
먹	먹느냐?		많	많으냐?	있	있느냐?	이	꽃이냐?
알	아느냐? (ㄹ脱落)		길	기냐? (ㄹ脱落)				

	【1】 고							
가	가고		기쁘	기쁘고			(이)	나무고
먹	먹고		많	많고	있	있고	이	꽃이고
알	알고		길	길고				

	【2】 면 / 으면							
가	가면		기쁘	기쁘면			(이)	나무면
먹	먹으면		많	많으면	있	있으면	이	꽃이면
알	알면		길	길면				

	【3】 아서 / 어서							
가	가서		기쁘	기뻐서				나무여서
먹	먹어서		많	많아서	있	있어서		꽃이어서
알	알아서		길	길어서				

	【1】 는			【2】 ㄴ / 은		【1】 는		【2】 ㄴ
가	가는		기쁘	기쁜			이	나무인
먹	먹는		많	많은	있	있는	이	꽃인
알	아는 (ㄹ脱落)		길	긴 (ㄹ脱落)				

※1　母…母音語幹　子…子音語幹　ㄹ…ㄹ語幹

※2　母名…母音で終わる名詞　子名…子音で終わる名詞
　　指定詞は名詞にだけ接続するわけではありませんが、ここでは便宜上名詞としておきます。

(9) 日本語を韓国語に訳す

いかに単語を連結して文章を作っていくか？

　いくら多くの単語を知っていても文法を知らなければ文章は作れませんし、逆にいくら文法を熟知していても単語を知らなければ文章は作れません。発音に関するアドバイス（3）でも書きましたが、日本語と韓国語の間では逐語訳可能な部分がかなり大きな割合を占めます。しかし、実際のところ韓国語から日本語に訳すほど、日本語から韓国語への翻訳はたやすくありません。辞書の中からいかに適切な単語を選択するか、文章を組み立てるのに必要な文法知識があるか、などがその要因でしょう。まず、言いたいことをきちんとした日本語文にしておきましょう。それができたら、逐語訳で日本語的な韓国語への翻訳から始めましょう。

日本語から韓国語への翻訳

1. 何を言葉で表現したいのか、まず、日本語で組み立ててみましょう。
2. 日本語で組み立てた文章に、その日本語に対応する韓国語を並べてみましょう。当然、逐語訳では不自然な韓国語になることはいくらでもあります。もし、日本語に対応する自然な韓国語表現を知っているならどんどん取り入れて使いましょう。
3. 日本語に対応する韓国語がわからないときは日韓辞典を引きます。辞典を引く場合、対応する韓国語を取り出すだけではなく、例文も読んでください。取り出した単語が用言なら原形のまま日本語文に書き入れて置いてください。
4. 必要な単語がすべて揃ったなら、用言の語幹に語尾を接続します。
5. 接続の仕方のわからない用言は、品詞は何か、正則か、変則かを今度は韓日辞典で調べます。
6. どの語尾を使うか？　語尾もわからなければ3のようにして日韓辞典から取り出します。語尾の接続方法は【1】【2】【3】のいずれを使うか？　韓日辞典に出ています。【1】なら○○、【2】なら○○ / 으○○、【3】なら아○○ / 어○○です。
7. 決まったら組み立ててみましょう。

韓国語は学べば学ぶほどおもしろくなります。

↓

韓国語は　学べば　学ぶほど　おもしろく　なります。

↓

韓国語	は	学ぶ+ば	学ぶ+ほど	おもしろい	なる
한국말	은	배우다	배우다	재미있다	지다

－ば	【2】면 / 으면　仮定条件　배우+면 → 배우면
－ほど	【2】ㄹ / 을 수록　比例　배우+ㄹ수록 → 배울수록
－なる	【3】아 / 어 지다　形容詞や存在詞に結合して変化を表わす
おもしろくなる	재미있 + 어지다 → 재미있어지다.
おもしろくなります	재미있어지 + ㅂ니다 → 재미있어집니다.

　韓日辞典で재미を引くと「おもしろくなる」に재미 (가) 나다があります。韓国人が話すのを聞くと재미있어지다 / 재미 나다の両方とも使われているようです。

8. 表記は正書法に則って書きましょう。
　　正書法（つづり方の規則、맞춤법）　第1章　総則の第2項に「文章の各単語は分かち書き

を原則とする」とありますが、助詞や語尾は例外で、助詞は前の名詞に、語尾は前の用言に連ね書きします。

> 韓国語は　学べば　学ぶほど　おもしろくなります。
> 한국말은　배우면　배울수록　재미있어집니다.

　韓国語らしい韓国語への翻訳は多くの韓国語を聞き、読んでボキャブラリーと文法知識を蓄積していくことです。蓄積したものをどんどん使ってみましょう。少しずつ韓国語らしい韓国語に近づいていくはずです。

(10) 人称代名詞

　韓国語は二人称の人称代名詞がとても複雑です。地位や職業を知っていれば、その肩書きで○○사장님、○○교수님、先輩・後輩の関係なら○○선배님と呼べばいいでしょう。
　名前も所属も立場も年齢もわからない相手を呼ばなければならない場合、どう呼ぶべきでしょうか？
　선생님，당신，자네，아저씨、아줌마、그쪽、댁、너などが使われていますが、どれを使うべきか、判断の難しいときがあります。

	目上に対して	対等の相手に	目下に対して
一人称	저	나	나
二人称	선생님	당신 / 자네 / 그쪽 / 댁	너
三人称	이분 / 그분 / 저분	이이 / 그이 / 저이	이 사람 / 그 사람 / 저 사람

次の人称代名詞は助詞〈가〉の前では次のように変形します。저は나の謙譲語です。

나 + 가 → 내가 私が	저 + 가 → 제가 私が	너 + 가 → 네가 お前が	누구 + 가 → 누가 誰が

次の人称代名詞や指示代名詞と助詞が結合すると、会話では縮約形をよく使います。

나는 → 난 私は	나를 → 날 私を	나에게 → 내게 私に	
저는 → 전 私は	저를 → 절 私を	저에게 → 제게 私に	
이것 → 이거 これ	이것은 → 이건 これは	이것을 → 이걸 これを	이것이 → 이게 これが
그것 → 그거 それ	그것은 → 그건 それは	그것을 → 그걸 それを	그것이 → 그게 それが
저것 → 저거 あれ	저것은 → 저건 あれは	저것을 → 저걸 あれを	저것이 → 저게 あれが
무엇 → 무어 / 뭐 何	무엇이 → 뭐가 何が	무엇을 → 뭘 何を	
누구를 → 누굴 誰を	어디를 → 어딜 どこを		

著者紹介

洪順愛（홍순애　ホン・スンエ）
名古屋市生まれ。韓国・成均館大学校卒業。現在、岐阜大学、岐阜県立看護大学、日本福祉大学、南山大学で韓国語教育に携わる。韓国語への翻訳（共訳）に玄月『蔭の棲家』『悪い噂』、堀江敏幸『熊の敷石』、平野啓一郎『滴り落ちる時計たちの波紋』『あなたが、いなかった、あなた』がある。

金元榮（김원영　キム・ウォンヨン）
大谷大学大学院博士課程単位取得退学。現在、名古屋大学、名古屋女子大学、愛知淑徳大学、愛知大学で韓国語教育に携わる。韓国語への翻訳（共訳）に泉美治『科学者が説く仏教と哲学』がある。

CD 2 枚付
韓国語（かんこくご）スピーキング

2013 年 2 月 20 日　第 1 刷発行
2019 年 7 月 20 日　第 2 刷発行

著　者──洪順愛／金元榮
発行者──前田俊秀
発行所──株式会社 三修社
　　　　〒 150-0001　東京都渋谷区神宮前 2-2-22
　　　　TEL 03-3405-4511
　　　　FAX 03-3405-4522
　　　　振替 00190-9-72758
　　　　https://www.sanshusha.co.jp
　　　　編集担当　菊池　暁

印刷製本──萩原印刷株式会社

©Hong Soonae, Kim Wonyoung 2013 Printed in Japan
ISBN978-4-384-05672-3 C1087

カバーデザイン──土橋公政
本文イラスト──浅山友貴
本文組版──────株式会社 欧友社

JCOPY 〈出版者著作権管理機構　委託出版物〉
本書の無断複製は著作権法上での例外を除き禁じられています。複製される場合は、そのつど事前に、出版者著作権管理機構（電話 03-5244-5088　FAX 03-5244-5089　e-mail: info@jcopy.or.jp）の許諾を得てください。